C.H.BECK ■ WISSEN

Hans-Dieter Gelfert gibt in diesem Buch eine Einführung in Leben und Werk des wohl größten englischen Dichters. Er deutet Shakespeares Werke als Ausdruck eines ambivalenten gesellschaftlichen Bewußtseins, das sich für kurze Zeit an der Bruchlinie zwischen Mittelalter und Neuzeit ausbildete und dessen Spannungen in Shakespeares Dichtung entweder tragisch aufbrechen oder komisch vermittelt werden. Das Buch beginnt mit einem Aufriß der Shakespeare-Zeit, des elisabethanischen Weltbildes sowie des Theaters der Zeit. Dann folgt eine Zusammenstellung der gesicherten Daten über den Dichter und die Überlieferung seiner Werke. Nach einem zusammenfassenden Kapitel über die Grundthemen des Gesamtwerkes werden die einzelnen Werkgruppen nacheinander betrachtet. Zuletzt folgt eine zusammenfassende Deutung und eine Betrachtung über Shakespeares spezifische Größe.

Hans-Dieter Gelfert war bis zu seiner Emeritierung Professor für englische Literatur an der Freien Universität Berlin und ist seither freier Autor kulturwissenschaftlicher Werke und Übersetzer englischer Gedichte. Bei C.H.Beck ist von ihm zuletzt erschienen: *Edgar Allan Poe. Am Rande des Malstroms* (2008), *Charles Dickens der Unnachahmliche* (2012) und *William Shakespeare in seiner Zeit* (2014).

Hans-Dieter Gelfert

SHAKESPEARE

Verlag C.H.Beck

1. Auflage. 2000

2., durchgesehene Auflage. 2014

Originalausgabe
© Verlag C.H.Beck oHG, München 2000
Satz, Druck u. Bindung: Druckerei C.H.Beck, Nördlingen
Umschlagentwurf von Uwe Göbel, München
Umschlagabbildung: William Shakespeare. ‚Flower'-Portrait,
Royal Shakespeare Theatre Collection, Stratford-upon-Avon
Printed in Germany
ISBN 978 3 406 66377 2

www.beck.de

Inhalt

Vorwort

Shakespeare (Will), ein englischer Dramaticus, geb. zu Stratford 1564, ward schlecht auferzogen und verstand kein Latein, jedoch brachte er es in der Poesie sehr hoch. Er hatte ein scherzhaftes Gemüthe, kunte aber auch sehr ernsthaft sein und excellierte in Tragödien.

Der Dichter, den das deutsche *Gelehrtenlexikon* von 1715 mit diesen Worten wie eine ethnologische Kuriosität beschreibt, wurde 1759 von Lessing bereits zum Vorbild für die zeitgenössische Dramatik erhoben und gegen Ende des Jahrhunderts ohne jede Einschränkung als Abgott verehrt. Seitdem betrachten die Deutschen ihn als einen der Ihren. Die 1865 gegründete, mitgliederstarke Deutsche Shakespeare-Gesellschaft widmet ihm eine alljährliche Tagung sowie die Herausgabe eines Jahrbuchs. Auf der Bühne ist er jahraus, jahrein der meistgespielte Autor; und gespielt wird er dank immer neuen aktualisierten Übersetzungen so, als sei er unser Zeitgenosse. Nicht anders sieht es im englischen Sprachraum aus. Entgegen der hierzulande oft vertretenen Ansicht, dass die Deutschen ihn wiederentdeckt hätten, war er im eigenen Land nie in Vergessenheit geraten, wenngleich seine Wertschätzung im 17. und frühen 18. Jahrhundert gewissen Einschränkungen unterlag. Dass er einer der Großen der englischen Dichtung war, stand aber nie in Zweifel. Dichter wie Milton, die Erhabenheit anstrebten, spürten in ihm einen Wesensverwandten; und selbst Klassizisten wie Alexander Pope sahen in ihm einen Rohdiamanten von einmaliger Größe, dem nur der letzte Schliff fehlte.

Mit dem Aufblühen der neuphilologischen Fächer an den Universitäten wurde aus dem Idol der Leser und Dichterkollegen der Gegenstand einer methodischen Beschäftigung, die sich inzwischen zu einer Shakespeare-Industrie ausgewachsen hat. Längst ist die Flut von Sekundärliteratur so uferlos geworden, dass niemand sie mehr überschaut. Vielleicht ist dies der Grund, weshalb die Abkehr von der historisch-philologischen Literaturwissenschaft und die Hinwendung zu einem *new historicism* gerade bei Shakespeare ansetzten. Nur wenn man die ältere Forschung verwirft, so scheint es, lässt sich überhaupt noch etwas Neues über einen so restlos aufgearbeiteten Gegenstand sagen. Das vorliegende Büchlein maßt sich nicht an, alles Wissenswerte über den Dichter auf dem neuesten Stand der Forschung zusammenzufassen. Es teilt auch nicht den Ehrgeiz der *new historicists* vom Range Stephen Greenblatts, die den Dichter aus kulturwissenschaftlicher Sicht neu zu entdecken versuchen. So verdienstvoll alles sein mag, was *cultural studies*, *gender studies*, Feminismus, *cultural materialism* und *new historicism* zum Verständnis Shakespeares beitragen mögen, sie fußen doch alle auf dem Fundament, das die Forscher des *old historicism* gelegt haben. Deshalb ist es nicht eben fair, wenn die Neuerer sich einen Sport daraus machen, dem großen Shakespeareforscher E.M.W. Tillyard am Zeug zu flicken. Dieser hat Sachverhalte beschrieben, die das Grundmuster des elisabethanischen Schrifttums zutreffend wiedergeben. Wenn jetzt nachgewiesen wird, dass es daneben andere „Diskurse" und „subversive" Tendenzen gab, ist das nur zu begrüßen, entwertet aber nicht, was Forscher wie Tillyard aufgezeigt haben.

Auf den hier angedeuteten Methodenstreit kann im vorliegenden Buch nicht eingegangen werden. Auch auf die Auseinandersetzung mit einzelnen Forschungsergebnissen muss verzichtet werden. Leser, die tiefer in den Gegenstand eindringen wollen, seien auf die chronologisch angelegten Literaturhinweise verwiesen. Das Buch selber will dem Leser eine *guided tour* durch Leben, Zeit und Werk des großen Dichters bieten und dabei neben der Beschreibung dessen, was war und ist, auch Erklärungen dafür geben, warum es so war und ist. Um Shakespeares dichterische Leistung wahrhaft zu verstehen, muss man sie an ihrem historischen Ort aufsuchen. Den Weg dorthin will das vorliegende Buch weisen.

P.S. Zitiert wird nach *The Norton Shakespeare*. Die deutschen Übersetzungen stammen vom Verfasser.

Die Shakespearezeit

Die Zeit Shakespeares wird meist mit dem elisabethanischen Zeitalter gleichgesetzt, was den Blick auf den zeitlichen Hintergrund unzulässig verkürzt, da die zweite und wohl gewichtigere Hälfte seines Werkes unter der Regierung Jakobs I. entstanden ist. Das Charakteristische an seiner Schaffenszeit ist gerade, dass sie in zwei sehr unterschiedliche Epochen fällt und damit auf einer sozialgeschichtlichen Bruchzone liegt, deren Spannungen in seinem Werk virulent werden. In englischen Literaturgeschichten werden beide Epochen als Renaissance bezeichnet, wobei man diese oft erst mit der Restauration der Stuartmonarchie im Jahre 1660 zu Ende gehen lässt. Das mutet sonderbar an, wenn man bedenkt, dass Kunsthistoriker das Ende der italienischen Renaissance auf den *sacco di Roma*, die Verwüstung Roms durch die kaiserlichen Truppen 1527, datieren. Da aber England das große Jahrhundert der italienischen Renaissance, das *quattrocento*, mit Kriegführen verbrachte, setzte die kulturelle Wiedergeburt hier mit einem Jahrhundert Verspätung ein. Während die englische Architektur unter Elisabeth noch Reste des spätgotischen Tudorbogens aufweist und in der Malerei die Renaissance nur durch den Immigranten Hans Holbein vertreten ist, fand die Literatur so schnell Anschluss an die kontinentale Entwicklung, dass es eigentlich sinnvoller wäre, die Shakespearezeit so zu nennen wie die entsprechende Epoche auf dem Kontinent, nämlich Manierismus. Dieser Begriff hat sich für jene Stilepoche durchgesetzt, die nicht mehr Renaissance, aber auch noch nicht Barock genannt werden kann. Shakespeares Werk wie das seiner Zeitgenossen trägt eher manieristische als renaissancehafte Züge, sein Spätwerk weist sogar schon solche des Barock auf, auch wenn es einen durchgängigen Barockstil auf der Insel nicht gab; denn dieser war Ausdruck des Absolutismus und der Gegenreformation, was ihn für das protestantisch-parlamentarische England inakzeptabel machte.

Das Zeitalter Elisabeths I.

Das elisabethanische Zeitalter wird meist so gesehen, wie es sich selber darstellte, als ein Goldenes. Tatsächlich war das Gold aber nur eine hauchdünne Blattgoldauflage auf einer eisernen Wirklichkeit. Das erste Regierungsjahrzehnt der Königin blieb von der Ungewissheit überschattet, ob ihre zweifelhafte Legitimität auf Dauer anerkannt würde oder ob ihre Gegner sich womöglich hinter Maria Stuart und deren katholische Verbündete scharen würden. Nach Marias Exekution im Jahre 1587 war zumindest diese Gefahr gebannt, doch mit der spanischen Armada zog im Jahr darauf eine neue Gefahr herauf. Als die englische Flotte mit ihren wendigeren Schiffen und der klügeren Taktik den Spaniern eine schwere Niederlage beibrachten, wurde dieser Sieg als epochaler Triumph gefeiert, der als solcher noch heute in den Geschichtsbüchern figuriert. In Wirklichkeit aber war der Krieg noch längst nicht entschieden. Der größte Teil der spanischen Flotte war intakt geblieben, auch wenn er vom Sturm zerstreut und zur Umseglung der britischen Inseln gezwungen wurde. Danach schleppte sich der Krieg für England verlustreich hin. Elisabeths Kasse war so leer, dass sie nicht einmal ihren Seehelden den versprochenen Lohn zahlen konnte. Hinzu kamen 1592 eine Pestepidemie und von 1594 bis 1596 eine Serie von Missernten mit entsprechenden Hungersnöten. Über der wirtschaftlichen Misere und der außenpolitischen Bedrohung schwebte zudem das Damoklesschwert der ungeklärten Nachfolge für die jungfräuliche Königin, die zur Zeit des Triumphs über die Armada bereits 55 Jahre alt und damit über das gebärfähige Alter hinaus war. So kann es nicht verwundern, dass sich in den 90er Jahren in England allenthalben eine dustere Stimmung breit machte, die nichts von einem goldenen Zeitalter spüren ließ.

So prekär die Entwicklung im politischen Bereich auch war, so fortschrittlich war sie auf gesellschaftlichem Gebiet. Elisabeth hatte frühzeitig gelernt, dass sie nur im Bunde mit dem Unterhaus den Hochadel in Schach halten konnte. So verzichtete sie klugerweise darauf, neue Adelstitel zu kreieren, und besetzte so gut wie alle Schlüsselpositionen in der Regierung mit Vertretern der Gentry. Ihr erster Staatssekretär William Cecil, der später zum Grafen Burghley geadelt wurde, ihr zweiter Staatssekretär Sir Francis Walsingham, ihr Lordkanzler Sir Christopher Hatton, ihr Finanzberater Sir Thomas Gresham und ihr Marineminister Sir John Hawkins entstammten allesamt dieser Schicht. Dass auch der unerschrockenste Führer ihrer Opposition, Sir Peter Wentworth, aus dem niederen Adel kam, versteht sich von selbst.

Ökonomisch war das ganze 16. Jahrhundert durch eine schleichende Inflation geprägt, was dazu führte, dass die Preise im Verlauf des Jahrhunderts um das Vierfache stiegen, während sich die Löhne nur verdoppelten. Der Grund dafür war die Zunahme des umlaufenden Geldes durch das spanische Gold und Silber aus den amerikanischen Kolonien. Hinzu kamen Silberfunde in Mitteleuropa und die unkluge Münzverschlechterung durch Heinrich VIII., der seinen Krieg gegen Frankreich damit finanzierte, dass er den Silbergehalt der Münzen bei gleich bleibendem Nominalwert verringerte. Die verschiedenen Gesellschaftsschichten waren von der Inflation unterschiedlich hart betroffen. Die Freibauern (*yeomen*) und diejenigen Landadligen, die ihre Güter selber bewirtschafteten, konnten dank höherer Markterlöse mit der Geldentwertung Schritt halten, während der Hochadel, der seine Ländereien langfristig zu niedrigem Zins verpachtet hatte, eine Minderung seiner Einkünfte zu spüren bekam. Unter Historikern ist umstritten, in welchem Umfang von einem „Aufstieg der Gentry" und einer „Krise der Aristokratie" gesprochen werden kann. Dass aber die Gentry relativ zum Hochadel an Einfluss gewann, ist offensichtlich, zumal ihre Reihen dadurch verstärkt worden waren, dass reiche Kaufleute aus den Städten Landgüter erworben hatten, die durch die von Heinrich VIII. vorgenommene Auflösung der Klöster auf den Markt gekommen waren. Wirklich hart traf die Inflation nur die Unterschicht auf dem Lande. Da die Großgrundbesitzer an niedrigen Löhnen für Landarbeiter interessiert waren, setzten sie immer wieder Gesetze durch, die das Zahlen höherer Löhne unter Strafe stellten. Stattdessen wälzten sie die Fürsorgepflicht für die Armen auf die Gemeinden ab, die eine Armensteuer aufbringen mussten.

Von Expansion und wirtschaftlichem Fortschritt war in dieser Zeit wenig zu spüren. Auch die koloniale Expansion warf noch keinen Gewinn ab. Der erste, von Sir Walter Raleigh unternommene Versuch, in Virginia eine Kolonie zu gründen, endete mit deren mysteriösem Verschwinden. Dass mit der Gründung der East India Company 1599 bereits der Grundstein für das zweite britische Empire mit dem Zentrum Indien gelegt wurde, konnte damals niemand ahnen; denn die Briten waren zunächst nur an den ostindischen Gewürzinseln interessiert, wo die Holländer ihnen zuvorgekommen waren. Da England keinen Zugang zu Gold- und Silberminen hatte und da auch die landwirtschaftliche Nutzung Nordamerikas noch nicht begonnen hatte, suchte es seine Chance im weltweiten Handel. Das sollte sich in den nächsten zwei Jahrhunderten als Trumpfkarte erweisen. Doch zur Zeit Elisabeths konnte allein schon wegen des andauernden Krieges gegen Spanien von regulärem Handel keine Rede sein. Vielmehr betätigten sich die englischen Seefahrer hauptsächlich als Piraten, die spanische Galeonen kaperten, was stets mit Kriegsgefahr verbunden war und deshalb von Elisabeth nur halbherzig und ohne offizielle Genehmigung geduldet wurde.

Während die Landbevölkerung im Lauf des Jahrhunderts verarmte, bahnte sich in den Städten der Aufstieg der Mittelschicht an. Da das Handel und Gewerbe treibende Bürgertum einer permanenten Konkurrenz ausgesetzt war, war es empfänglich für die neue Leistungsethik des Puritanismus, der einerseits „innerweltliche Askese" predigte – wie Max Weber es nannte – und andererseits im Rahmen der Prädestinationslehre wirtschaftlichen Erfolg als göttliches Zeichen für die Erwähltheit ansah. So boten diese Bürger alle Kräfte auf, um möglichst erfolgreich zu wirtschaften. Da sie aber den Profit nicht als Luxus konsumieren durften, reinvestierten sie ihn als

Kapital, was zu einer weiteren Vermehrung ihrer Gewinne führte. Max Weber, der diesen Mechanismus als Erster aufzeigte, vermied eine monokausale Deutung, ließ aber dennoch die puritanische Ethik als die Ursache des Kapitalismus erscheinen. Da aber kapitalistische Tendenzen schon vorher in katholischen Gebieten – z. B. in Norditalien – zu beobachten waren, scheint der Kausalzusammenhang eher andersherum gewirkt zu haben. Nicht der Puritanismus hat den Kapitalismus hervorgebracht, sondern ein schon kapitalistisch wirtschaftendes Bürgertum spürte, dass der Puritanismus die Religion war, die sein ökonomisches Tun am besten legitimierte. Trotzdem darf man den Puritanismus der Shakespearezeit nicht überschätzen. In London und anderen größeren Städten gewann er zwar zunehmend an Einfluss, doch blieben die Puritaner bis ins 17. Jahrhundert hinein eine Minderheit, die anfangs viel Spott seitens der Mehrheit auf sich zog und erst unter Jakob I. zur Speerspitze der Mittelschicht und des Unterhauses wurde.

Das Zeitalter Jakobs I.

Als Jakob den englischen Thron bestieg, musste er erst einmal einen neuen Hofstaat um sich scharen, wofür er Geld brauchte, das er in Elisabeths leerer Staatskasse nicht vorfand. Da für Steuern die Zustimmung des Unterhauses erforderlich war, suchte er nach anderen Einnahmequellen und entdeckte eine solche im Verkauf von Adelstiteln. Zu diesem Zweck schuf er 1611 den neuen Titel des *baronet* als höchsten Rang innerhalb der Gentry, den er in so großer Zahl auf den Markt warf, dass der Preis innerhalb von 11 Jahren von 1095 auf 220 Pfund fiel. Ab 1615 verkaufte er auch die Peerswürde und zog sich damit den Zorn des Hochadels zu. Unzufrieden waren auch die Puritaner, die anfangs große Hoffnungen auf den König aus dem kalvinistisch-presbyterianischen Schottland gesetzt hatten. Doch auf der 1604 einberufenen Konferenz von Hampton Court wurden sie bitter enttäuscht. Da Jakob auf das Wohlwollen der anglikanischen Staatskirche angewiesen war, konnte er den Puritanern keine Zugeständnisse machen.

Anfangs hatte es noch geschienen, als würde sich unter Jakob das alte Muster der elisabethanischen Balance fortsetzen, doch schon bald drifteten Krone und Parlament auseinander. Der erste deutlich sichtbare Riss markiert zugleich das Ende der Shakespearezeit; denn in Shakespeares Todesjahr entließ Jakob den obersten Richter und Sachwalter des Common Law Edward Coke aus dem Amt, weil dieser sich weigerte, einen gewissen Peacham zu verurteilen, der das Finanzgebaren des Königs öffentlich kritisiert hatte. Die nächsten Risse folgten 1621, als das Parlament den König zwang, den Lordkanzler Francis Bacon zu entlassen, und 1628, als Karl I. vom Parlament zur Anerkennung der *Petition of Rights* genötigt wurde. Dies waren drei Signale, die wie Klopfzeichen des Schicksals den späteren Bürgerkrieg ankündigten.

Unter Jakob nahm die englische Kultur immer stärker barocke Züge an. Er selbst nahm für sich das *divine right of the king*, das Gottesgnadentum, in Anspruch, womit er sich dem kontinentalen Absolutismus annäherte. Die an seinem Hof beliebten Maskenspiele, für die Ben Jonson die Libretti schrieb und Inigo Jones die Ausstattung entwarf, entsprachen unverkennbar der Ästhetik des barocken Illusionstheaters. Auch in der Malerei bewies Jakob einen eher barocken Geschmack. So erteilte er Anton van Dyck Aufträge, als dieser 1620 zum ersten Mal für kurze Zeit in London weilte, bevor er unter Karl I. auf Dauer dorthin zurückkehrte. In den öffentlichen Theatern nahmen die barockisierenden Tendenzen ebenfalls zu. Zwar fehlte das religiöse Element, das für den kontinentalen Barock charakteristisch war, doch Stücke wie Shakespeares *Wintermärchen*, wo die Handlung sich über sechzehn Jahre und weit entfernte Schauplätze erstreckt und am Schluss eine vermeintliche Statue plötzlich ins Leben tritt, sind eher dem Barock als der Renaissance zuzurechnen. Andererseits verkündete Francis Bacon bereits 1605 in *The Advancement of Learning* ein Programm des Empirismus und lenkte die englische Philosophie damit auf einen Weg, der dem bald darauf von Descartes eingeschlagenen Weg des Rationalismus entgegengesetzt war. Wie sich im deduktiven Denken des kontinentalen Rationalismus das absolutistische Prinzip des *L'état c'est moi* widerspiegelt, so im induktiven Denken Bacons der Beginn der politischen und gesellschaftlichen Horizontalisierung in England.

Das elisabethanische Weltbild

Die Verspätung der englischen Renaissance um gut ein Jahrhundert führte dazu, dass hier das mittelalterliche Denken länger nachwirkte als auf dem nachreformatorischen Kontinent. Das steht in einem paradox anmutenden Widerspruch zu der Tatsache, dass England auf dem Weg zur bürgerlichen Gesellschaft bereits weiter fortgeschritten war als das übrige Europa. Das Mittelalter war durch ein vertikales Ordnungsdenken geprägt, das neuzeitliche Bürgertum hingegen verlangte nach Freiheit und Egalität. Das Widerspiel dieser beiden Ideologien stellt die bewusstseinsgeschichtliche Grunddynamik der elisabethanischen Gesellschaft dar. An Ordnung mussten alle Gesellschaftsschichten interessiert sein, da die Zeit des dreimaligen Religionswechsels und die blutige Unterdrückung des Protestantismus unter Maria dem ganzen Volk noch frisch in Erinnerung waren. Deshalb zieht sich durch das elisabethanische Schrifttum ein geradezu obsessives Festhalten am mittelalterlichen Ordo-Begriff. Shakespeare, der in diesem Punkt eindeutig im konservativen Lager stand, gab diesem Denken immer wieder Ausdruck, am nachdrücklichsten in der Rede, die Odysseus in *Troilus und Cressida* an das vor Troja liegende Heer der Griechen richtet und die wegen ihres beispielhaften Charakters hier in ganzer Länge wiedergegeben werden soll.

> Dies Troja, das dort steht, wär längst gefallen
> Und Hektors Schwert entbehrte seines Herrn,
> Wenn Folgendes nicht wär:

Das Wesen jeder Herrschaft ward vergessen;
Seht doch, wie viele Zelte bei uns leer stehn,
So hohl und leer wie der Parteien Hader.
Wenn nicht Soldaten ihrem General
Wie Bienen ihrem Bienenstock gehorchen,
Wie will man Honig da erwarten? Rang,
Der sich maskiert, lässt jeden würdig scheinen.
Der Himmel, die Planeten und dies Zentrum,
Sie reihn nach Abstand sich, nach Rang und Status,
Nach Umlauf, Jahreszeit, Verhältnis, Form,
Nach Amt und Brauch in angestammter Ordnung.
Und darum ward als edelster Planet
Den anderen die Sonne vorgesetzt.
Ihr Auge heilt und wendet hin zum Rechten
Den Einfluss unheilvoller Wandelsterne
Und spricht mit königlicher Allmacht Recht
Nach Gut und Böse. Doch – wenn die Planeten
In schlimmer Wirrnis aus der Ordnung streben,
Welch Schrecken, Pest und Meuterei bricht los;
Welch Stürme auf dem Meer! Wie bebt die Erde!
Wie rast der Wind! Aufruhr und Gräueltaten
Zerreißen, sprengen, treten und entwurzeln
Die Eintracht und vermählte Ruh der Staaten
Bis auf den Grund! Oh, ist der Rang erschüttert,
Die Leiter hin zu allen großen Taten,
So ist das Unternehmen krank. Wie können
Gemeinden, Schulen, Gilden, Bruderschaften,
Friedlicher Handel zwischen fernen Küsten,
Das Recht des Erstgeborenen und Erben,
Vorrang des Alters, Kronen, Zepter, Orden,
Wenn nicht durch Rang authentisch fortbestehn?
Nehmt nur den Rang hinweg, verstimmt die Saite,
Und horcht, welch Missklang folgt! Ein jedes Ding
Ist nur noch Widerstand! Gedämmte Fluten
Erheben sich hoch über alles Land
Und machen zum Morast die feste Erde.
Kraft würd' zum Herrscher über alles Schwache,

Der rüde Sohn erschlüge seinen Vater,
Macht würde Recht – nein, Recht und Unrecht, deren
Endlosen Streit Gerechtigkeit vermittelt,
Verlören, wie Gerechtigkeit, den Namen.
Dann löst sich alles auf in der Gewalt,
Gewalt in Willkür, Willkür in Begier.
Und die Begier, ein allgemeiner Wolf,
Zweifach gestärkt durch Willkür und Gewalt,
Macht sich die ganze Welt zur Beute und
Verschlingt zuletzt sich selbst. Oh Agamemnon,
Dies Chaos, wenn der Rang erdrosselt ist,
Folgt dem Ersticken.
Und dies Missachten allen Ranges ist's,
Was jeden Schritt, der aufwärts steigen will,
Nach unten lenkt. Der General verachtet
Vom Untergebnen, der von seinem und
So fort – das wächst sich aus mit jedem Schritt,
Dem Beispiel des vorangegangnen folgend,
Zur Krankheit der Verachtung seines Obren
Und wird zu einem neidgebornen Fieber
Von blutlos-blasser Eifersüchtelei.
Dies ist's, was die Trojaner hält: sie stehn
– um mit der langen Rede Schluss zu machen –
Nicht weil sie stark sind, sondern wir die Schwachen.

(I, 3; 74–137)

Was hier in emphatischen Versen ausgedrückt ist, findet man in trockener Prosa, oft in fast gleichlautenden Formulierungen, allenthalben im Schrifttum des 16. Jahrhunderts, so bei Sir Thomas Elyot in seinem Buch *The Governour*, bei Richard Hooker, dem bedeutendsten Theologen der englischen Reformation, bei dem Juristen John Fortescue und in den historischen Quellen, denen Shakespeare die Stoffe zu seinen Königsdramen entnahm.

Vier hierarchische Stufenleitern prägten das mittelalterliche wie das elisabethanische Denken. Die erste war die politische, die vom König als dem Stellvertreter Gottes auf Erden über den Hochadel und den niederen Adel bis hinab zum gemeinen Volk reichte. Dies war die Feudalhierarchie, die aus einer weltlichen und einer kirchlichen bestand. In elisabethanischer Zeit hatte sich dafür die Bezeichnung *body politique* eingebürgert. Analog dazu stellte man sich die kosmologische Hierarchie vor, die vom ewigen Feuer, dem Empyreum, über die Fixsterne, die Sonne und die Planeten hinab zur sublunaren Welt auf der Erde reichte. Ihre ontologische Entsprechung erstreckte sich von Gott über die Erzengel, die Engel, den Menschen, die Tiere und Pflanzen hinab zum Mineralreich. Diesem Makrokosmos entsprach im Innern des Menschen der Mikrokosmos, der durch die Hierarchie von Hirn, Herz und Leber bestimmt war.

Bei Shakespeare und seinen Zeitgenossen findet man überall noch die Humoralpsychologie der Antike und des Mittelalters. Sie ging davon aus, dass Charakter, Temperament und seelische Befindlichkeit des Menschen durch das Mischungsverhältnis der vier Körpersäfte (*humores*) bestimmt wurden. Je nachdem ob Lymphe (*phlegma*), Blut (*sanguis*), gelbe Galle (*chole*) oder schwarze Galle (*melaina chole*) überwog, war der Betreffende entweder Phlegmatiker, Sanguiniker, Choleriker oder Melancholiker. Die drei erstgenannten Temperamente waren weniger problematisch. Ein Übermaß an Lymphe konnte schlimmstenfalls zu völliger Lethargie führen, während sich ein Überschuss an Blut oder gelber Galle durch heftige Aktivität entladen konnte. Als sehr viel problematischer galt der Überschuss an schwarzer Galle; denn diese wurde im Körper verbrannt und blieb dort als *melancholy adust* (verbrannte Galle) zurück, was zu Depression, Melancholie und Selbstmordgedanken führte. Die Melancholie war im elisabethanischen Zeitalter die meistdiskutierte seelische Befindlichkeit, die einerseits als depressives Leiden erlebt und andererseits als Pose kultiviert wurde. So ließen sich junge Männer der Oberschicht gern als Melancholiker porträtieren. Der Grund für das Aufkommen dieses Seelenleidens ist leicht einzusehen. Es ist ganz offensichtlich die psychische Reaktion auf die Freisetzung des Menschen aus den alten Bindungen.

Da diese in England durch den Aufstieg der Mittelschicht und des Unterhauses früher einsetzte als anderswo, kann es nicht verwundern, dass hier auch zuerst die seelischen Folgen zu beobachten sind. Freiheit ist Last und Chance zugleich. Wer ihrer Herausforderung nicht gewachsen war, der flüchtete sich entweder zurück in die alten Bindungen oder reagierte mit Depression, d. h. Melancholie.

Die vier Körpersäfte wurden traditionell den vier Elementen und diese wiederum den vier Grundzuständen der physikalischen Welt – trocken und feucht, heiß und kalt – zugeordnet. Shakespeare nimmt wie alle seine Zeitgenossen immer wieder auf diese Psychologie Bezug. Für ihn ist es selbstverständlich, dass ein tatenloser Mensch eine blasse Leber haben muss, dass übermäßige Leidenschaften, die den Verstand dominieren, aus ebendiesem Organ stammen müssen und dass es darauf ankommt, im Innern des Menschen die gleiche Hierarchie aufrecht zu erhalten wie im *body politique*.

Die hierarchische Grundstruktur des elisabethanischen Denkens ist mit der des mittelalterlichen weitgehend identisch. Der einzige, allerdings gravierende Unterschied ist, dass man sich der Stabilität des Systems nun nicht mehr so sicher war. Während der mittelalterliche Christ noch glaubte, dass die göttliche Vorsehung jeden Störer über kurz oder lang eliminieren würde, spürten die Elisabethaner, dass die Ordnung höchst zerbrechlich war; denn es gab eine Bruchlinie, von der eine ständige Gefahr ausging. Sie ging mitten durch den Menschen, der mit dem Verstand dem Reich der Engel und mit den Leidenschaften dem Reich der Tiere angehörte. Wenn in seinem Innern die Leber über das Gehirn triumphierte, sah man nicht nur das betreffende Individuum, sondern die ganze Weltordnung gefährdet. Dies ist die Bruchzone, der das Tragische entspringt, wie später noch gezeigt werden soll.

Während das Mittelalter noch die asketische Unterordnung der Leidenschaften unter die Herrschaft der göttlichen Vernunft forderte, waren die Elisabethaner sich – mit unterschiedlichen Abstufungen – bewusst, dass man zu großem Handeln als Antrieb die Leidenschaft brauchte. Das alte vertikale Verhältnis von Vernunft und Leidenschaft neigte sich mehr und mehr ins Horizontale, wobei das Maß der Abweichung von der Vertikalen ein Maß für die Modernität ist. Während konservative Schichten wie das Bauerntum und die Landbevölkerung an der vertikalen Hierarchie festhielten, mussten alle diejenigen, die ihren Vorteil in einer bürgerlichen Wettbewerbsgesellschaft sahen, an einer Horizontalisierung interessiert sein. Das galt vor allem für die Puritaner, die die Speerspitze des aufsteigenden Bürgertums waren. Eine zwiespältige Haltung nahmen dabei die Intellektuellen ein. Sie, die sich traditionell auf den Hof und die aristokratische Hierarchie ausrichteten, waren in ihrem Denken durchaus elitär. Gleichzeitig aber spürten sie, beflügelt vom Humanismus, die Möglichkeit des sozialen Aufstiegs durch Entfaltung genialer Fähigkeiten.

Derjenige, der diese Ambivalenz am entschiedensten zum Ausdruck brachte, war Christopher Marlowe. Schon sein erster Held Tamberlain, der Mongolenkaiser Tamerlan, ist eine paradigmatische Verkörperung dieses Aufstiegswillens. Was er im Bereich weltlicher Macht zu erreichen versuchte, strebt Marlowes anderer Renaissanceheld, Dr. Faustus, im Reich des Geistes an. Beide sind Figuren, die man sich bei Shakespeare schwer vorstellen kann; denn der war kein Intellektueller mit Universitätsbildung, sondern kam aus ländlich-bürgerlichem Milieu und teilte ganz offensichtlich nicht das elitäre Ethos der *university wits*.

Wenn es richtig ist, dass die bäuerliche Schicht an der alten Hierarchie, die Akademiker am sozialen Aufstieg und das kaufmännische Bürgertum an geordneter Freiheit interessiert waren, dann folgt daraus, dass das obsessive Ordnungsdenken jener Zeit einem höchst komplexen Interessengemisch entsprang. Da das Bauerntum im Laufe des 16. Jahrhunderts immer mehr an Bedeutung verlor, während das Stadtbürgertum immer mehr Wirtschaftsmacht erlangte, wurde der Wunsch nach Aufstieg immer dominanter. Das aber implizierte einerseits Hierarchie – denn man wollte ja selber nach oben – und andererseits Egalität; denn nur so ließ sich der Anspruch auf Aufstieg ideologisch legitimieren. Alle zusammen aber – Konservative, Puritaner und Intellektuelle – mussten an einer schützenden Ordnung interessiert sein; denn nur die garantierte, dass man die Früchte des Aufstiegs auch genießen konnte. Insofern ist das äußerlich so mittelalterlich anmutende elisabethanische Weltbild ein Gebäude, in dessen Innerem sich ein heftiges Ringen abspielte, während es nach außen wie eine Burg erscheint, die dem Ansturm der Moderne trotzte.

Im Schrifttum lässt sich das Ringen vor allem dort beobachten, wo sich der Einfluss modernen Denkens zeigt, das durch Autoren wie Machiavelli und Montaigne verkörpert wird. E. M. W. Tillyard hat in seinem Buch *The Elizabethan World Picture* den thematisierten Gegenstand so sehr komprimiert, dass die Risse im elisabethanischen Weltbild weitgehend verschwinden. Dennoch ist das Bild, das er entwirft, zutreffend für die Grundstruktur. Man muss sich nur eben jenes innere Ringen hinzudenken, das heute oft mit den metaphorischen Begriffen *containment* und *subversion* umschrieben wird. Dahinter verbirgt sich der einfache Sachverhalt, dass in einer Zeit des Umbruchs immer Kräfte der Beharrung mit solchen der Veränderung im Streit liegen. Ebendies war im elisabethanischen Zeitalter wie in kaum einem anderen der Fall.

Das Theater

Als der Schauspieler und Theaterunternehmer James Burbage 1576 im Nordosten Londons das erste Theater bauen ließ, das einfach nur *The Theatre* hieß, leitete er eine Blüte der Theaterkultur ein, wie sie auf so engem Raum weder davor noch danach ihresgleichen hat. Schon ein Jahr später folgte ganz in der Nähe das *Curtain Theatre*, das nicht etwa nach einem Theatervorhang so hieß, den es damals gar nicht gab, sondern nach dem Grundstück, das diesen Namen trug. 1587 baute der Theaterunternehmer Philip Henslowe am Südufer der Themse das *Rose*, in dem die von ihm gemanagten *Admi-*

ral's Men spielten, die mit ihrem Starschauspieler Edward Alleyn und ihrem wichtigsten Autor Christopher Marlowe am Anfang die schärfste Konkurrenz für Burbages Truppe waren. An Letzterer war Shakespeare als Schauspieler, Autor und Aktionär beteiligt. Sie nannte sich nach ihrem Patron *Lord Chamberlain's Men* und erhielt 1603 durch königliches Patent den Namen *King's Men.* Als die Pacht des Grundstücks, auf dem das *Theatre* stand, 1599 auslief, ließ die Truppe es abreißen und aus dem Bauholz in der Nähe des *Rose* und des schon 1595 hinzugekommenen *Swan* das *Globe* bauen, das dank Shakespeare zum Inbegriff des elisabethanischen Theaters wurde. Später kam dort noch das *Hope* (1614) hinzu, während im Norden *The Fortune* (1600) und *The Red Bull* (1605) das Angebot bereicherten. Alle genannten hießen *public theatres*, weil in ihnen unter offenem Himmel gespielt wurde, im Unterschied zu den *private theatres* in geschlossenen Räumen. Von Letzteren gab es insgesamt vier: das *St. Paul's Boys' Playhouse* (1575), das erste *Blackfriars* (1576–84), das zweite *Blackfriars* (1596) und das *Whitefriars* (1606?).

Die Freilichttheater fassten bis zu 3 000 Zuschauer, während ein *private theatre* wie das *Blackfriars*, das beleuchtet werden musste, nur etwa 700 Plätze hatte. Zeitweilig warben in London sieben Theater mit über 15 000 Plätzen um Zuschauer. Allerdings boten nicht alle davon dramatische Kunst. Einige ergötzten ihr Publikum nur mit Bärenhatz und Akrobatik. Doch wenn im *Globe* oder *Rose* ein erfolgreiches Stück zehnmal vor ausverkauftem Haus gespielt wurde und damit 30 000 Zuschauern erreichte, setzte das bei einer Gesamteinwohnerzahl von ca. 200 000 einen gewaltigen Theaterhunger voraus. Trotz ihres enormen Fassungsvermögens waren die Theater so klein, dass sie bequem im Bühnenhaus eines modernen Stadttheaters Platz gehabt hätten. Das Missverhältnis erklärt sich aus dem äußerst bescheidenen Komfort, mit dem sich das Publikum zufrieden gab. Im *pit*, dem heutigen Parkett, gab es für einen Penny Stehplätze. Wer einen Sitzplatz wollte, zahlte einen weiteren Penny und durfte auf den dicht besetzten Bänken der Galerie Platz nehmen. Für noch einen Penny mehr bekam man einen gepolsterten Sitz. Für prominente Besucher gab es zusätzlich einige Logen und die Möglichkeit, auf einem Stuhl auf der Bühne zu sitzen. Die Bühne bestand aus einer in den Zuschauerraum hineinragenden Rampe, war also von drei Seiten einzusehen. An der Hinterseite befand sich das *tiring house*, wo sich die Schauspieler ankleideten (*to attire*). Neben der Hauptebene auf der Bühne gab es einen Balkon, der in *Romeo und Julia* eine wichtige Rolle spielt, und eine durch eine Falltür zugängliche ‚Unterwelt‘, aus der z.B. der Geist von Hamlets Vater aufstieg und in der Hamlets Streit mit Laertes im Grabe der Ophelia stattfand. Da es keine Kulissen gab, musste der gesamte Schauplatz eines Dramas durch die Magie des Wortes beschworen werden. Die Requisiten beschränkten sich auf symbolträchtige Möbel wie z.B. den Königsthron und auf sehr aufwendige Kostüme, die oft ein Vielfaches dessen kosteten, was der Autor für sein Stück erhielt. So zahlte Shakespeares Truppe beispielsweise 1613 für das Kostüm eines Kardinals 38 Pfund.

Das übliche Autorenhonorar belief sich auf ca. sechs Pfund. Das war immer noch mehr als die zwei Pfund, die ein Autor von einem Verleger erwarten durfte, wenn er ihm das Stück zum Druck anbot. Mit etwas Glück konnte er vielleicht einen Mäzen finden, der sich das Stück gegen ein Honorar von weiteren zwei Pfund widmen ließ. Es gab also nur einen geringen finanziellen Anreiz, für den Buchmarkt zu schreiben. Einträglicher war es, ein Stück an eine Theatertruppe zu verkaufen. Am allereinträglichsten aber war es, wenn der Stückeschreiber auch noch als Schauspieler und Aktionär an der Truppe beteiligt war. Genau das traf auf Shakespeare zu. Das wenig einträgliche Geschäft des Bücherschreibens betrieb er nur zwischen 1592 und 1594, als wegen der Pest die Theater geschlossen waren. Da schrieb er seine Verserzählungen *Venus und Adonis* (1593) und *Die Schändung der Lukrezia* (1594), wobei er auch hier seine Einkünfte durch die Widmung an den Grafen Southampton erhöhte. Dass man auch damals schon mit Showbusiness ein Vermögen machen konnte, lehrt das Beispiel des Schauspielers Edward Alleyn und seines Managers und Schwiegervaters Henslowe. Als Alleyn sich 1604 zur Ruhe setzte, konnte er in seinem Testament ein Vermögen von 10000 Pfund für eine zu gründende Schule stiften, was nach heutiger Währung einer Summe von etlichen Millionen entspricht.

Das elisabethanische Theater war ein kommerziell betriebenes Unterhaltungsmedium wie im 20. Jahrhundert das Kino. Um auf diesem Markt seinen Lebensunterhalt zu verdienen, konnte man entweder die Unterschicht mit unaufwendigen Darbietungen wie Bärenhatz amüsieren, oder man musste aufwendiges Theater bieten, das möglichst allen Schichten etwas gab. Ebendies taten Autoren wie Shakespeare, die den Gebildeten poetische Rhetorik und Anspielungen auf antike Dichter boten und zugleich die Masse mit tragischen Gewalttaten und derber Komik ergötzten. In dem bunt gemischten Publikum, das vom Handwerkerlehrling bis zum Hochadligen reichte, fehlte eine Gruppe, die dem Theater das Leben schwer machte, die Puritaner. Sie dominierten schon früh die Londoner Stadtverwaltung und nutzten jede Gelegenheit, das sündhafte Gauklertum zu unterbinden. Auf dem Stadtgebiet ließen sie kein Theater zu. Gegen das *Blackfriars*, das innerhalb der Stadtgrenzen lag, konnten sie allerdings nichts unternehmen, da es als ehemaliges Klosterland nicht der Jurisdiktion des Stadtrats unterlag. Wenn jedoch Pestgefahr bestand, durfte die Stadtverwaltung auch die Schließung der Theater vor den Stadtmauern verlangen. Die vollständige Schließung aller Theater erreichten sie erst 1642. Doch da war die dramatische Kunst bereits so erschöpft, dass von der Schließung nur noch wenige Dichter betroffen waren.

Lebenszeugnisse

Über Shakespeare sind mehr Biographien geschrieben worden als über jeden anderen englischen Dichter. Er dürfte der einzige sein, dem ein Biograph gleich mehrere Leben zubilligte; denn das Buch von S. Schoenbaum trägt den Titel *The Lives of William Shakespeare*, womit zum Ausdruck gebracht werden sollte, dass Shakespeares tatsächliches Leben von den Fiktionen aus vier Jahrhunderten überlagert wird. 1904 brachte der Anwalt D.H. Lambert seine Sammlung *Shakespeare Documents. A Chronological Catalogue of Extant Evidence Relating to the Life and Works of William Shakespeare* heraus. Darin listet er bis zum Erscheinen der ersten Gesamtausgabe von Shakespeares Werken, der Folio Edition von 1623, insgesamt 161 Zeugnisse auf, die sich auf den Dichter oder sein Werk beziehen. Darunter befinden sich 56 Titelblätter von Erstausgaben und Nachdrucken einzelner Werke, ferner Tauf- und Sterbeeinträge von Familienmitgliedern und andere periphere Hinweise, so dass die biographischen Dokumente auf eine kleine Zahl zusammenschrumpfen. Seitdem ist nur wenig hinzugekommen. Während Shakespeares Umfeld bis in entlegene Details erforscht ist, hat man über den Menschen Shakespeare kaum etwas in Erfahrung bringen können. So kennt man zwar die Namen der Lehrer der Grammar School von Stratford aus jener Zeit, doch ob Shakespeare die Schule überhaupt besucht hat, ist nicht erwiesen. Der besseren Übersicht wegen seien im Folgenden die wichtigsten Daten chronologisch aufgelistet:

1564 Am 26. April wird William Shakespeare als drittes Kind und erster Sohn von John Shakespeare und Mary, geb. Arden, in der Gemeindekirche von Stratford-upon-Avon getauft. Sein Geburtstag müsste demnach der 23. oder 24. April gewesen sein.
Später werden noch drei Brüder und zwei Schwestern geboren.

1582 Am 27. November wird für William Shakespeare und Anne Hathaway eine Ehelizenz ausgestellt, auf der der Name Hathaway irrtümlich als Whateley erscheint. In einer Urkunde vom Tag darauf sagen zwei Bürgen für den noch minderjährigen Bräutigam gut.

1583 Am 26. Mai, sechs Monate nach der Hochzeit, wird die Tochter Susanna getauft. Damit erklärt sich die überstürzte Heirat.

1585 Taufe des Zwillingspaars Hamnet und Judith am 2. Februar.

1588 Shakespeares Name taucht in einem Rechtsdokument anlässlich eines Grundstücksstreits auf.

1592 Der Theaterunternehmer Philip Henslowe vermerkt in seinem Tagebuch eine Aufführung von „Harey VI" am 3. März, was sich vermutlich auf Shakespeares *Henry VI* bezieht.

1592 Im September erscheint die Schrift *A Groatsworth of Wit bought with a Million of Repentance (Für einen Groschen Einsicht erkauft mit Reue für eine Million)*, die Robert Greene auf dem Sterbebett verfasste. Darin äußert er sich sehr abfällig über „an upstart Crow, beautified with our feathers, that with his *Tygers hart wrapt in a Players Hyde*, supposes he is as well able to bombast out a blank verse as the best of you: and being an absolute *Johannes fac totum*, is in his owne conceit the only Shake-scene in a countrey" („eine hoch gekommene Krähe, geschmückt mit unseren Federn, die jetzt ihr Tigerherz in einer Schauspielerhaut verbirgt; sie bildet sich ein, sie könnte so gute Blankverse wie ihr herausposaunen, und hält sich als absoluter *Johannes fac totum* für den einzigen Bühnenerschütterer des Landes"). Das Wortspiel mit dem Namen und das Zitat aus *Henry VI* lassen keinen Zweifel daran, dass Shakespeare gemeint ist.
Der Herausgeber von Greenes Pamphlet Henry Chettle publiziert gleich darauf eine Schrift, in der er sich bei Shakespeare für Greenes Anwurf entschuldigt.

1593 Shakespeare publiziert *Venus and Adonis* mit einer Widmung an den Grafen Southampton.

1594 *The Rape of Lucrece* erscheint mit gleicher Widmung. Shakespeare erhält, zusammen mit den Schauspielern William Kempe und Richard Burbage, ein Honorar des

Lord Chamberlain für Aufführungen bei Hofe am 26. und 27. Dezember.

1596 Am 11. August wird Shakespeares Sohn Hamnet beerdigt. Im November ersucht ein William Wayte um Arrest für den Dichter, von dem er sich bedroht fühlt.

1597 Am 4. Mai erwirbt Shakespeare für 60 Pfund das Haus New Place in Stratford.

1598 Francis Meres erwähnt in seiner Schrift *Palladis Tamia* die folgenden Werke Shakespeares: *Venus and Adonis, Lucrece, Gentlemen of Verona, Errors, Love labors lost, Love labours wonne, Midsummer night's dreame, Merchant of Venice, Richard the 2., Richard the 3., Henry the 4., King Iohn, Titus Andronicus* und *Romeo and Iuliet.* Er nennt Shakespeare „mellifluous & honey-tongued" (melodiös und honigzüngig) und rühmt seine „sugred Sonnets" (zuckrige Sonette).

1599 Am 21. Februar wird Shakespeare mit zehn Prozent Anteilseigner am *Globe*-Theater.

1601 Am 7. Februar, dem Vorabend der Essex-Rebellion, wird *Richard II* aufgeführt, um die Rebellen anzufeuern, was aber Shakespeare nach der Niederschlagung des Putsches nicht in Schwierigkeiten bringt. Am 8. September stirbt Shakespeares Vater.

1602 Am 1. Mai kauft er 127 Morgen Land in Old Stratford. Am 28. September erwirbt er das Cottage gegenüber von New Place.

1603 Am 19. Mai erhält seine Truppe eine Lizenz unter dem neuen Namen *King's Men.*

1604 Am 24. Oktober wird Shakespeare als Eigentümer eines Cottage in Rowington genannt.

1605 Der Schauspieler Augustine Phillips hinterlässt Shakespeare am 4. Mai ein Vermächtnis von 30 Schilling.

1606 Shakespeare wird in einem Dokument vom 1. August als Pächter von Chapel Lane Cottage genannt.

1607 Seine Tochter Susanna heiratet am 5. Juni John Hall.

1608 Am 21. Februar wird die Enkelin Elizabeth geboren,

das einzige Enkelkind zu seinen Lebzeiten. Am 9. September stirbt seine Mutter.

1609 Thomas Thorpe druckt die *Sonnets*.

1610 Shakespeare zieht sich allem Anschein nach ganz nach Stratford zurück.

1612 Bei dem Prozess Bellott gegen Mountjoy gibt Shakespeare ein Leumundszeugnis ab (seine erste erhaltene Unterschrift).

1613 Am 28. Januar erbt er 5 Pfund von John Comte. Am 10. März kauft er für 140 Pfund Blackfriars Gatehouse (zweite Unterschrift) und nimmt am Tag darauf eine Hypothek auf (dritte Unterschrift). Am 31. März erhält er ein Honorar von 44 Schilling für den Entwurf eines Emblems für den Grafen Rutland. Am 29. Juni brennt das *Globe*-Theater ab.

1616 Seine Tochter Judith heiratet am 10. Februar Thomas Quiney. Am 25. März setzt Shakespeare sein Testament auf (mit den restlichen drei der erhaltenen sechs Unterschriften). Darin setzt er seine Tochter Susanna als Erbin ein und vermacht seiner Frau „sein zweitbestes Bett", was von manchen als Hinweis auf eine lieblose Ehe gedeutet wird, aber ebensogut eine praktische Maßnahme zur Erhaltung des Besitzes gewesen sein kann. Schließlich war seine Frau acht Jahre älter als er. Außerdem stand ihr von Rechts wegen ohnehin der Nießbrauch von einem Drittel seines Besitzes zu. Am 23. April, vermutlich an seinem Geburtstag, stirbt Shakespeare im Alter von 52 Jahren und wird tags darauf beigesetzt.

1623 Am 8. August wird seine Frau Anne beerdigt. Die Schauspieler John Heminges und Henry Condell, die dem Dichter offenbar freundschaftlich verbunden waren, bringen eine Gesamtausgabe seiner Dramen heraus. Von den ca. 1000 gedruckten Exemplaren dieser First Folio Edition sind rund 200 erhalten, allerdings nur 14 in unversehrtem Zustand.

Aus den hier aufgeführten Daten ergibt sich das Bild eines erfolgreichen Schauspielers, der sein Geld gut investierte und offenbar schon früh das Ziel verfolgte, sich in seinem Geburtsort Stratford zur Ruhe zu setzen. Alle Zeugnisse deuten darauf hin, dass er bei Freunden beliebt und ansonsten geschätzt war. Über seine politischen, religiösen und weltanschaulichen Ansichten sowie über sein Liebesleben ist nichts überliefert.

Der Shakespeare-Kanon

Nur zwei seiner Werke hat Shakespeare selber unter seinem Namen in Druck gegeben. Es waren die Versepen *Venus and Adonis* (*Venus und Adonis*, 1593) und *The Rape of Lucrece* (*Die Schändung der Lukrezia*, 1594), die er in den Jahren 1592 und 1593 schrieb, als die Londoner Theater wegen der Pest geschlossen waren und es für ihn offensichtlich keine andere Einnahmequelle gab. Seine heute berühmteste Versdichtung, die 1609 erschienenen Sonette, wurde aller Wahrscheinlichkeit nach nicht von ihm selber, sondern von dem geheimnisvollen Adressaten in Druck gegeben. Der Sammlung ist das sehr lange, aus 47 Strophen bestehende Gedicht *A Lover's Complaint* (*Die Klage eines Liebenden*) beigegeben, dessen Urheberschaft umstritten ist. Inhaltlich wirkt es sehr fremd im Shakespeareschen Werk, während es formal durchaus Züge seines Stils aufweist. Zehn Jahre früher hatte der Verleger William Jaggard eine Sammlung von 21 Gedichten mit dem Titel *The Passionate Pilgrim* (*Der leidenschaftliche Pilger*) herausgebracht, die fünf gesicherte Texte Shakespeares enthielt, darunter zwei seiner Sonette. Von den übrigen Texten werden ihm ebenfalls einige zugeschrieben. Weitere ungesicherte Zuschreibungen sind das kryptische, eher an die späteren *metaphysical poets* erinnernde Gedicht *The Phoenix and the Turtle* (*Der Phönix und die Turteltaube*, 1601) und das privat gedruckte Gedicht *A Funeral Elegy* (*Elegie zu einem*

Begräbnis), das erst 1996 wieder ans Licht kam und als Verfasser die Initialen W. S. angibt. Beide Gedichte, falls sie überhaupt von Shakespeare stammen, sind Auftragswerke, was ihren unshakespeareschen Inhalt erklärt.

Shakespeares Dramen erlebten erst 1623 mit der bereits erwähnten First Folio Edition ihre erste Gesamtausgabe. Der Band enthält 36 Stücke, von denen 18 hier zum ersten Mal im Druck nachweisbar sind. Die übrigen 18 waren bereits vorher als Einzelausgaben im Quartoformat erschienen. Dabei unterscheidet die Forschung zwischen *good* und *bad quartos*. Die guten wurden offensichtlich nach autorisierten Manuskripten gedruckt, die von Shakespeares Theatertruppe oder von ihm selber an den Verleger verkauft wurden, während die schlechten Raubdrucke sind, die sich entweder auf Mitschriften von Theateraufführungen oder auf entwendete Textbücher von Schauspielern und Souffleuren stützten. Erst in die dritte Folioausgabe von 1664 wurde das Stück *Pericles* aufgenommen, das vorher mindestens sechsmal als Quartoausgabe erschienen war. Diese Folioausgabe enthielt außerdem noch weitere sechs Stücke, die so genannten Shakespeare-Apokryphen. Bei zweien davon, *Sir Thomas More* und *The Two Noble Kinsmen*, gilt die Mitarbeit des Dichters heute als gesichert. Das Letztgenannte, das Shakespeare zusammen mit John Fletcher schrieb, wird inzwischen in die meisten Gesamtausgaben aufgenommen, während das Erstgenannte in einer verstümmelten handschriftlichen Fassung überliefert ist, die offenbar von fünf verschiedenen Autoren überarbeitet wurde. In einer der fünf Handschriften glaubt man diejenige Shakespeares zu erkennen. Die vorerst letzte Zuschreibung ist das Stück *Edward III*, das zu den Apokryphen gehörte und nun zumindest von den Herausgebern der renommierten *Arden Edition* als authentisch angesehen wird. Insgesamt existieren nach heutigem Forschungsstand 39 Stücke, die dem Shakespeare-Kanon zugerechnet werden. Bei 35 gilt die alleinige Autorschaft des Dichters als gesichert, während bei *Perikles*, *Heinrich VIII.* und *Die beiden edlen Vettern* die Mitarbeit John Fletchers vermutet wird. Ungeklärt ist die Identität des Mitarbeiters bei

Eduard III., sofern Shakespeare überhaupt etwas mit dem Stück zu tun hatte.

Weit schwieriger als die Eingrenzung des Kanons ist die Erstellung einer exakten Chronologie. Würde man sich darauf beschränken, die Werke in eine frühe, eine mittlere und eine späte Gruppe einzuteilen, ließe sich in der Forschung vielleicht Einmütigkeit erzielen. Doch hinsichtlich der Reihenfolge innerhalb der Gruppen gehen die Meinungen auseinander. Das früheste Werk sieht die Mehrheit der Forscher in dem dreiteiligen Königsdrama *Heinrich VI.*, da Robert Greene darauf in einer Schrift von 1592 anspielt. Doch ob der erste Teil davon auch wirklich der erste war oder ob er nicht womöglich erst nach den beiden anderen geschrieben wurde, ist strittig; denn der zweite Teil wird in der ersten Quarto-Ausgabe von 1594 als *First part* bezeichnet. Als Entstehungszeit für die drei Teile kommen die Jahre 1589 bis 1591 in Frage. Manche Forscher halten aber *Titus Andronicus* und *Der Widerspenstigen Zähmung* für Shakespeares erste Stücke. Andere setzen *Die Komödie der Irrungen* und *Die beiden Herren aus Verona* an den Anfang. *Richard III.* könnte unmittelbar im Anschluss an den dritten Teil von *Heinrich VI.* entstanden sein, da das Stück stofflich daran anschließt. Die Komödie *Verlorene Liebesmüh*, die zeitweilig als frühestes Werk galt, zeigt gegenüber den beiden zuvor genannten Komödien ein höheres Maß an Subtilität, was eine spätere Entstehung vermuten lässt. Danach setzt mit *Romeo und Julia* und *Ein Sommernachtstraum* (beide um 1596) eine Werkgruppe ein, die deutliche Zeichen größerer Reife erkennen lässt. Dazu gehören neben *Heinrich IV.*, *Heinrich V.* und *Julius Caesar* die Komödien *Der Kaufmann von Venedig* (um 1597), *Viel Lärm um nichts* (um 1599), *Wie es euch gefällt* und *Was ihr wollt* (beide um 1600), die man wegen ihrer heiteren Grundstimmung als Shakespeares *happy* oder *festive comedies* bezeichnet. Kurz nach den Letztgenannten, vielleicht auch schon vorher, dürfte der *Hamlet* entstanden sein, der eine Werkgruppe einleitet, die wegen ihrer zunehmenden Verdüsterung als *problem plays* bezeichnet wird. Dazu gehören *Troilus und*

Cressida, *Ende gut, alles gut* und *Maß für Maß*, die in den Jahren 1600 bis 1604 entstanden sein müssen. Mit *Othello* beginnt die Reihe der späten Tragödien, zu denen außer der genannten noch *König Lear*, *Macbeth*, *Antonius und Cleopatra*, *Timon von Athen* und *Coriolan* zählen, deren Entstehung sich über die Jahre 1603 bis 1608 erstreckt haben könnte. Den Abschluss bilden die vier Romanzen *Perikles*, *Cymbeline*, *Ein Wintermärchen* und *Der Sturm*, die in den Jahren 1608 bis 1611 entstanden. Danach hat Shakespeare offenbar nur noch zweimal zur Feder gegriffen, als er zusammen mit John Fletcher *Heinrich VIII.* (1612) und *Die beiden edlen Vettern* (1613) schrieb. Der besseren Übersicht wegen sind die Daten und Fakten, auf die sich die hier umrissene Chronologie stützt, im Anhang noch einmal detailliert zusammengestellt.

Shakespeares Weltsicht

Von keinem englischen Dichter werden so viele Aussagen zur *conditio humana* zitiert wie von Shakespeare. Das Missliche ist nur, dass jeder Satz in seinen Stücken die Aussage einer dramatischen Figur ist und nicht als Ansicht des Dichters genommen werden darf. Allenfalls die Sonette können als persönliches Bekenntnis gelesen werden. Wenn sich trotzdem auch in den Dramen so etwas wie eine Weltsicht abzeichnet, dann beruht das auf statistischer Evidenz; denn da bestimmte Ansichten und Problemstellungen hartnäckig wiederkehren, wird man darin Themen sehen dürfen, die den Dichter persönlich beschäftigten. Im Folgenden sollen die wichtigsten davon vorgestellt und dokumentiert werden, damit der Leser bei der anschließenden Betrachtung der Werke das Bezugssystem sieht, in dessen Rahmen die zentralen Themen der Stücke verhandelt werden.

Ordnung

Bei Shakespeare beginnt jedes Stück mit einer Störung, die zur Krise zugespitzt und durch Wiederherstellung der Ordnung behoben wird. Man könnte einwenden, dass dies die Grundform jedes Dramas sei; denn anders lässt sich keine Spannung erzeugen. Es ist aber ein Unterschied, ob ein Stück wie Ibsens *Wildente* mit dem Geheimnis eines unaufgeklärten Fehltritts einer Hauptfigur einsetzt, die sich danach mit ihrer Vergangenheit auseinander setzen und diese bewältigen muss, oder ob wie bei Shakespeare die gestörte Ordnung selber zum Thema gemacht wird. Welch zentrale Bedeutung das Problem für ihn hatte, ließ sich bereits der Odysseusrede entnehmen. Auch in allen anderen Stücken steht es im Zentrum. So bringt in *Hamlet* der berühmte Satz „Etwas ist faul im Staate Dänemark" alle Geschehnisse auf den Generalnenner, und der Held sieht es als seine Aufgabe an, die aus den Fugen geratene Welt wieder einzurenken. In den Historien, in denen das Problem mit aktuellem Bezug zu den nationalen Interessen der Engländer verhandelt wird, geht es um *staatliche* Ordnung. Auch in *Macbeth*, wo der Held durch Königsmord einen Thron usurpiert, und in *Lear*, wo der König selber den Thron räumt und dadurch den *body politique* ins Chaos stürzt, steht das *politische* Problem im Mittelpunkt, ebenso in den Komödien *Wie es Euch gefällt* und *Der Sturm*. In allen genannten Stücken geht es zugleich aber auch um eine Störung der *moralischen* Ordnung. Das gilt in besonderem Maße für die Tragödien und die so genannten Problemstücke.

Die Wiederherstellung der Ordnung am Ende der Stücke geschieht in den Komödien durch das komische Dénouement mit anschließender Versöhnung zwischen den Konfliktparteien, während sie in den Tragödien durch die Eliminierung des Störers, also des Helden, erfolgt. An dessen Stelle tritt regelmäßig ein Nachfolger von deutlich geringerem Format. Was ihm fehlt, ist die tragische Unbedingtheit. Im Gegensatz zu den kompromisslosen Helden verhalten sich deren Erben ausgesprochen pragmatisch und kompromissbereit, ja manchmal geradezu zynisch. So stößt Aufidius dem Helden Coriolan am Schluss den Dolch in die Brust, um gleich darauf eine ehrende Leichenrede auf ihn zu halten und anschließend die Macht zu übernehmen. Nicht so zynisch, doch genauso pragmatisch verhalten sich Fortinbras in *Hamlet*, Oktavian in *Antonius und Cleopatra*, Malcolm in *Macbeth* und all die anderen, die dem tragischen Inferno entkommen sind. Malcolm ist vielleicht der typischste Vertreter dieser Haltung. Er tritt gar nicht erst mutig gegen den Helden an, sondern bringt sich in Sicherheit, tarnt sich und passt sich an. Solche Kompromissler ziehen weniger Sympathie auf sich. Für sie alle gilt, was Edgar am Schluss von *König Lear* sagt:

> Dem Ältsten war die schwerste Last gegeben;
> Wir Jüngren werden nie so viel erleben.

Die Wiederherstellung der Ordnung wird von Shakespeare einerseits als moralische Notwendigkeit dargestellt, andererseits aber auch als Rückkehr zur Normalität durch Vernichtung des Exzeptionellen. Darin unterscheidet sich seine Sicht grundsätzlich von der *ordo*-Vorstellung des Mittelalters, für die jeder Verstoß gegen die göttliche Ordnung unzweifelhaft sündhaft war. Der mittelalterliche Mensch sah nichts Bewundernswertes in großen Menschen, die ihren von Gott zugewiesenen Platz verließen und der Todsünde des Hochmuts verfielen. Der Renaissancemensch Shakespeare hingegen gibt deutlich zu erkennen, dass er mit der einen Hälfte seines Herzens die herausragenden Störer bewundert, während er mit der anderen ihre Nivellierung gutheißt.

Vernunft und Leidenschaft

Anders als in der antiken Tragödie, wo die Götter oder das Schicksal den Heros an seiner Schwachstelle packen und ins Verderben stürzen, ist bei Shakespeare die zentrale Problematik ganz in die Psyche der Helden verlagert. Dort wird sie als Widerstreit von Vernunft und Leidenschaft virulent. In den Tragödien ist die Leidenschaft so zentral, dass sie von Anfang an als der Quell des Unheils kenntlich gemacht wird, so der Ehrgeiz Macbeths, die Eifersucht Othellos, die verblendete Liebe des Antonius, der Stolz Coriolans, der aus verletzter Eitelkeit entspringende Jähzorn König Lears und die unvernünftige Freigebigkeit Timons. Die gleichen Leidenschaften finden sich aber auch in den Komödien, so Stolz und Trotz in *Viel Lärm um nichts*, Eifersucht in der gleichen Komödie und im *Wintermärchen*, verblendete Liebe in *Ein Sommernachtstraum* und *Was ihr wollt*, Ehrgeiz und Machtgier in *Wie es euch gefällt* und *Der Sturm*, Rachsucht im *Kaufmann von Venedig* und sexuelle Gier in *Maß für Maß*.

Wie zentral der Antagonismus von Vernunft und Leidenschaft in den Stücken ist, lässt sich daran ablesen, dass er darin nicht nur psychologisch in den Charakteren aufbricht, sondern oft zur Opposition zweier moralischer Sphären ausgeformt wird. Schon in *Titus Andronicus* wird die rationale Welt Roms mit der leidenschaftlichen Wildheit der Goten konfrontiert. In *Antonius und Cleopatra* kommt Rom die gleiche Rolle zu, während das afrikanische Ägypten für Sinnlichkeit steht. Der gleiche Gegensatz wird in *Othello* durch die staatliche Ordnung Venedigs und die afrikanische Herkunft des Mohren repräsentiert. In *Macbeth* steht England für Ordnung und Schottland für archaische Leidenschaft. König Lear, der das Opfer seiner bösen Töchter Goneril und Regan ist, steht als entmachteter Repräsentant staatlicher Ordnung im Gegensatz zu einer irrationalen Machtgier, deren Ursprung er selber im weiblichen Unterleib sieht. In *Coriolan* repräsentiert das wankelmütige Volk die Sphäre des Irrationalen, während der Patrizier Menenius für die Vernunft eintritt.

Der Gegensatz von Vernunft und Leidenschaft ist in den Stücken nicht nur Antrieb des Geschehens, sondern wird zudem oft explizit als Problem diskutiert. Am deutlichsten geschieht dies in *Troilus und Cressida*, wo Hektor und Helenus als Anwälte der Vernunft auftreten, während Troilus ihnen das folgende Plädoyer für die Leidenschaft entgegensetzt:

Du polsterst deinen Handschuh mit Vernunft.
Hier ist, was du vernünftig findest:
Du weißt, der Gegner trachtet dir zu schaden,
Und die Vernunft flieht jegliche Gefahr.
Wen wundert's da, dass Helenus, wenn er
'nen Griechen und sein Schwert erblickt, schnurstracks
Auf Flügeln der Vernunft sich aus dem Staub macht,
Wie der Merkur, wenn Jupiter ihn schilt,
Oder wie'n Stern, der seine Bahn verlässt.
Vernünftge Gründe? Männlichkeit und Ehre,
Wenn sie von Gründen sich ernährten, hätten
Nur Hasenherzen; was die Vernunft euch sagt,
Macht bleich die Leber und den Mut verzagt. (II,2; 38–50)

Die Ansicht, dass Vernunft feige mache, hatte Shakespeare schon dem Helden des vermutlich kurz vorher entstandenen *Hamlet* in den Mund gelegt. Interessant ist, dass Troilus mit dem Bild des aus der Bahn geworfenen Sterns (*a star disorbed*) die kosmische Ordnung für sich und seine Leidenschaft in Anspruch nimmt, was der elisabethanischen Ordnungsvorstellung diametral widerspricht; denn derzufolge hatten sich die der Leber entspringenden Leidenschaften der Vernunft zu unterwerfen. Wenn sie dies nicht taten, dann drohte nicht nur der betreffenden Person, sondern dem gesamten Kosmos Unheil. Dies ist der Grund, weshalb in Shakespeares Tragödien die moralischen Verfehlungen der Helden die ganze Weltordnung erzittern lassen, was den Stücken ihre noch heute spürbare metaphysische Resonanz verleiht.

Nicht nur bei Shakespeare, sondern im elisabethanischen Drama insgesamt steht das Problem von Vernunft und Leidenschaft im Zentrum. In einem Stück des Zeitgenossen Fulke Greville, dem Lesedrama *Mustapha* (1609), bringt es der Chor auf eine prägnante Formel:

O wearisome condition of humanity!
Born under one law, to another bound:
Vainly begot, and yet forbidden vanity,
Created sick, commanded to be sound:

What meaneth Nature by these divers laws?
Passion and reason, self-divisions cause.
(5. Akt; Chorus Sacerdotum, 1–6)

(O trauriges Geschick des Menschen! / Geboren unter einem
Gesetz, zu einem anderen verpflichtet, / eitel gezeugt, und
doch mit dem Verbot der Eitelkeit, / krank geschaffen, mit
dem Befehl, gesund zu sein: / Was meint Natur mit solchen
unvereinbaren Gesetzen? / Vernunft und Leidenschaft, die Ur-
sachen der inneren Spaltung.)

Der hier beschriebene Zwiespalt war auch dem Menschen des
Mittelalters vertraut, doch für ihn war er noch kein Problem;
denn seine Wertordnung war noch strikt vertikal, so dass die
Vernunft gegenüber der Leidenschaft eine unbezweifelte Herr-
schaftsposition innehatte. Im elisabethanischen Denken aber
hatte sich das Verhältnis fast horizontalisiert. Zwar glaubte
man auch jetzt noch, dass die Leidenschaften durch Vernunft
kontrolliert werden müssten, doch hielt man sie gleichzeitig
für etwas, was den Menschen groß und bewundernswert
macht. Nirgendwo kommt diese Ambivalenz deutlicher zum
Ausdruck als in Shakespeares Tragödien.

Ehre

Die Ehre, der Troilus in obigem Zitat so großes Gewicht beimisst, steht im Zentrum von Shakespeares Wertesystem, und
das im wörtlichen Sinne; denn sie ist die Wertnorm des Herzens und damit jenes Organs, das zwischen Hirn und Leber
vermittelt. Das hindert den Dichter aber nicht, seinem Falstaff
einen höchst respektlosen Kommentar zu diesem Wertbegriff
in den Mund zu legen (*Heinrich IV.*, 1. Teil, V., 1; 127–143).
Shakespeares gesamtes Werk durchziehen drei Wortfelder, die
um die Begriffe *wisdom, honour* und *passion* kreisen. Die typischen Adjektive sind für das erste Wortfeld *wise* und *right*,
für das zweite *noble* und *great*, für das dritte *vile* und *base*.
Die Zuordnung zu den drei Sphären des Mikrokosmos und
ihren entsprechenden Organen liegt auf der Hand. In der er-

sten Hälfte seines Schaffens liegt Shakespeares Sympathie deutlich bei den Vertretern der Ehre, während sie später zu denen der Weisheit tendiert, die in Prospero ihre Apotheose findet. Die Wasserscheide zwischen den beiden Tendenzen ist *Hamlet*, wo das Verhältnis zwischen weisem, also moralisch gerechtfertigtem und ehrenhaftem Handeln vom Helden explizit erörtert wird. Als Hamlet angesichts des tatendurstigen Fortinbras über seine eigene Tatenlosigkeit räsoniert, spricht er die folgende Überlegung aus:

> Rightly to be great
> Is not to stir without great argument,
> But greatly to find quarrel in a straw,
> When honour's at the stake. (IV,4; 53–56)

Die Verse sind mehrdeutig. Bezieht man das *not* auf das vorangehende *is*, dann bedeuten sie:

> Richtig groß sein
> heißt nicht, aus nichtgem Anlass loszuschlagen,
> sondern sich groß um einen Strohhalm streiten,
> wenn's um die Ehre geht.

Hier ist das *rightly* dem *greatly* untergeordnet. Bezieht man das *not* aber auf *to stir*, müsste die Übersetzung so lauten:

> Richtig groß sein heißt,
> nicht ohne großen Anlass loszuschlagen,
> doch groß um einen Strohhalm sich zu streiten,
> wenn's um die Ehre geht.

Hier hat das *but* noch etwas von seiner ursprünglichen Bedeutung ‚außer wenn'. Dadurch erhalten die Begriffe *rightly* und *greatly* ein annähernd gleiches Gewicht, was dem Kontext eher entspricht; denn Hamlet will moralisch richtig handeln, während Fortinbras nur um der Ehre willen „groß um einen Strohhalm" streitet. Hamlets Problem ist, dass er Moral und Ehre verbinden und damit „richtig" und „groß" zugleich handeln will. Dass er sich mit bloß ehrenvoller Größe nicht zufrieden gibt, ist an der unverhohlenen Ironie abzulesen, mit der er, seiner grundsätzlichen Anerkennung zum Trotz, über Fortinbras spricht:

Led by a delicate and tender prince
Whose spirit with divine ambition puff'd
Makes mouths at the invisible event. (IV,4; 48–50)

Geführt von einem zarten, jungen Prinzen,
Der, aufgebläht in seinem Geist von Ehrgeiz,
Dem unbekannten Ausgang Fratzen schneidet.

In Fortinbras sieht Hamlet das, worum er vorher schon den Schauspieler beneidete, nämlich Leidenschaft. Er selber aber will nicht nur groß handeln, sondern auch so, dass er es vor der Vernunft rechtfertigen kann. Das Problem ist nur, dass die Vernunft das Handeln blockiert, weil – wie er selber sagt – „ein vernünftiger Gedanke nur zu einem Viertel aus *wisdom* (Weisheit) und zu Dreiviertel aus Feigheit besteht".

Vor den großen Tragödien stand Shakespeare mehr auf der Seite der Wagemutigen. Das gilt vor allem für die Komödien. Wenn Orlando in *Wie es euch gefällt* scheinbar chancenlos den Kampf mit dem professionellen Ringer aufnimmt, der den Auftrag hat, ihm das Genick zu brechen, so haftet diesem Mut nichts Negatives an. Am explizitesten kommt das Bekenntnis zum Wagnis bei der Kästchenwahl im *Kaufmann von Venedig* zum Ausdruck, und das auf doppelte Weise. Portia geht das Risiko ein, auf die testamentarische Verfügung ihres Vaters zu vertrauen und den Freier zu akzeptieren, der das richtige Kästchen wählt, wobei sie hofft, dass der die richtige Wahl treffen wird, der sich für das Wagnis entscheidet. Nicht das goldene und nicht das silberne, sondern das bleierne Kästchen trägt die Aufschrift: „Wer mich erwählt, muss alles geben und riskieren".

Nach dem *Hamlet* verlagert sich der positive Akzent mehr und mehr vom Wagnis zur Weisheit. In *Macbeth* entzieht sich der positive Held Malcolm dem Gemetzel durch Flucht; in *König Lear* versteckt sich Gloucesters guter Sohn Edgar unter der Tarnkappe des Wahnsinns. Im *Sturm* schließlich ist die

Weisheit in Gestalt des Buchgelehrten Prospero unangefochten dominant, während die edlen Werte des Herzens allenfalls noch allegorisch durch Ariel verkörpert werden; doch der muss erst durch Prospero aus der Gewalt der niederen Leidenschaften befreit werden, die durch Caliban vertreten werden.

Natur

Auch die Natur ist in Shakespeares Werken ambivalent. In *Wie es euch gefällt* und *Ein Wintermärchen* erscheint sie als pastorale Sphäre, die die moralische Zerrissenheit der Menschenwelt heilt, während in *König Lear* der Sturm auf der Heide das moralische Chaos widerspiegelt. Noch ambivalenter ist die Natur im *Sommernachtstraum*. Hier erscheint sie als eine magische Welt, die die moralische Verwirrung der Menschen zuerst verstärkt und danach auflöst. Widersprüchlich ist auch die Rolle der natürlichen Kinder in den Dramen. In *König Lear* ist Gloucesters natürlicher Sohn Edmund der Bösewicht und der ehelich geborene Edgar der Gute, während in *König Johann* der Bastard Faulconbridge als edler Held auftritt. Auch sonst sind die Bezugnahmen auf die Natur ambivalent. Manchmal wird sie als weise Göttin und gerechte Mutter, dann wieder als eine der Fortuna ähnliche Kraft dargestellt. Im *Sturm* erscheint sie schließlich als eine in sich gespaltene Sphäre, deren gute Hälfte durch Ariel, die schlechte durch Caliban repräsentiert wird. In der Natur scheint sich somit das Verhältnis von Herz und Leber als eine kosmische Grundspannung zu wiederholen.

Schein und Sein

Dass die Welt nicht so ist, wie sie scheint, wird in Shakespeares Stücken immer wieder thematisiert. In den Komödien könnte man noch vermuten, dass die Verwechslung von Schein und Sein nur zu komischem Zweck eingesetzt wird. Wenn z. B. in der *Komödie der Irrungen* zwei Zwillingspaare auftreten, bei denen die Brüder von der Existenz des jeweils anderen nichts wissen, wird man dahinter vergeblich nach einer tieferen Bedeutung suchen. Wenn dagegen Olivia in *Was ihr wollt* sich in eine als Mann verkleidete Frau verliebt, rührt das schon an tiefere Schichten. Zwar produziert auch dies Komik – zumal auf der elisabethanischen Bühne, wo die Frau von einem männlichen Schauspieler dargestellt wurde –, doch verbirgt sich dahinter das Problem, dass sich der Mensch durch seine Liebesleidenschaft an den Schein der Welt ausliefert, ohne sich ihres Seins vergewissern zu können. In den Tragödien und den späten Romanzen nimmt das Problem immer breiteren Raum ein, wobei Shakespeare es aus den verschiedensten Blickwinkeln beleuchtet. Wenn Hamlet sich den Anschein des Wahnsinns gibt, dann benutzt er den Schein als Tarnkappe, um der Wahrheit des Seins zum Siege zu helfen. Seine Wahrheitsliebe bringt er bereits bei seinem ersten Auftritt zum Ausdruck; denn als seine Mutter ihn fragt, was ihm denn am Tod des Vaters und ihrer eigenen Wiederheirat so „besonders erscheine", antwortet er: „Scheint, Gnädigste? Nein, ist; ich kenn kein ‚scheint'". Wenn Jago dagegen die Verstellung wählt und dies offen ausspricht – *I am not what I am* –, dann betreibt er damit das Geschäft der Lüge.

Der Schein ist bei Shakespeare das, was von der Vernunft nicht durchschaut werden kann, aber auch das, was die Vernunft wählen kann, um nicht durchschaut zu werden. Da die instrumentelle Vernunft die Freiheit hat, sich gegen die göttliche zu wenden, ist der Schein ambivalent; denn er kann Schutz für das Gute und Gefahr durch das Böse bedeuten. Die Leidenschaften entzünden sich grundsätzlich am Schein. So verliebt sich Olivia in den scheinbaren Mann; Othellos Eifersucht wird durch den Anschein von Untreue seitens seiner Frau erregt; Lears Jähzorn reagiert auf die scheinbare Undankbarkeit Cordelias. Andererseits löst Cordelia die Tragödie dadurch aus, dass sie ihr innerstes Sein, die Liebe zu ihrem Vater, nicht erscheinen lässt; und Othello gelangt zu der Einsicht, dass er glücklich geblieben wäre, wenn er dem Anschein von Treue vertraut hätte, selbst wenn seine Frau ihn tatsächlich betrogen hätte. Das Problem, das Shakespeare mit zunehmender Schärfe thematisiert, liegt darin, dass es zwar auf die Wahrheit des Seins ankommt, dass diese sich aber nur als Schein manifestieren kann, was niemand besser weiß als ein Künstler, der ja unentwegt Scheinhaftes hervorbringt. Dennoch lautet seine Botschaft, dass man dem Schein nicht vertrauen darf. Bassanio, der im *Kaufmann von Venedig* das goldene und silberne Kästchen verschmäht und stattdessen das richtige, nämlich das bleierne, wählt, findet in diesem die Botschaft:

You that choose not by the view
Chance as fair, and choose as true. (III,2; 131f.)

(Ihr, die ihr nicht nach Aussehn wählt, /
Wagt und wählt, was wahrhaft zählt.)

Fortuna

Durch alle Werke Shakespeares zieht sich ein Motivkomplex, der durch Wörter wie *fortune, chance, fate, destiny, providence, doom, lot* und *luck* repräsentiert wird. Dahinter steht die für das Mittelalter charakteristische Vorstellung vom Rad der Fortuna, das die Menschen emporträgt und wieder zu Boden schleudert, wenn sie ihm eine Angriffsfläche bieten. Als solche wurde jede Form von Weltlichkeit angesehen, vor allem jeder Versuch, sich über das Normalmaß zu erheben. Machtgier, Besitzstreben und Ruhmsucht galten als Todsünden, die den Menschen dem Zugriff der Fortuna und damit der verdienten Strafe aussetzten. Nur wer in Demut und Askese den Kopf gesenkt hielt, blieb von dem Schaufelrad der Fortuna verschont. Da nun aber die Renaissance das Streben nach dem Höchsten zur Tugend erklärt hatte und die Menschen ermutigte, den Kopf so hoch wie möglich zu tragen, geriet die Vorstellung der Fortuna in ein zwiespältiges Licht. Am Vorhandensein schicksalhafter Mächte zweifelte auch zur Zeit Shakespeares niemand, doch ob diese strikt deterministisch wirkten oder ob man sich ihnen entziehen konnte, war ungewiss.

Bei Shakespeare wird diese Ungewissheit allenthalben deutlich. In den frühen Werken trägt *fickle fortune* noch weitgehend die Züge der mittelalterlichen Fortuna. Das gilt vor allem für *Romeo und Julia*, wo das Schicksalsmotiv bereits im einleitenden Chor angeschlagen wird, der den Zuschauer auf das Unglück der *star-crossed lovers* vorbereitet. Das ganze Stück hindurch folgt ein unglücklicher Zufall dem andern, und alle scheinen nur das Ziel zu haben, zwei unschuldige Liebende ins Verderben zu stürzen. In den reifen Tragödien liegt die Ursache des tragischen Untergangs der Helden zwar in deren Charakter, aber auch dort begegnet man mit großer Regelmäßigkeit Hinweisen auf ein außermenschliches Schicksal. So sagt Hamlet zu Horatio:

> Gelobt sei Raschheit, denn, das ist gewiss,
> Die Unbesonnenheit hilft manchmal uns,
> Wenn unser tiefes Planen stockt; das lehrt uns,
> Dass eine Gottheit unsre Ziele formt,
> Wie immer wir sie grob zurechthaun mögen. (V,2; 7–11)

Die Paradoxie in Hamlets Aussage ist, dass ihm für seine Rachetat die leidenschaftliche Raschheit fehlt, während die beiden einzigen raschen Taten, die er begeht – die Tötung des Polonius und der Streit mit Laertes –, sein Verderben vorbereiten. Noch deterministischer klingt, was Hamlet wenig später in derselben Szene sagt:

> Wir trotzen Prophezeiungen. Es liegt eine besondere
> Vorsehung im Fall eines Sperlings. Geschieht es jetzt,
> Wird's nicht mehr kommen; soll's nicht kommen, geschieht
> Es jetzt; geschieht's nicht jetzt, wird es doch kommen.
> Bereit sein ist alles. (V,2; 232–238)

Eine ähnliche Haltung spricht aus den Worten Edgars in *König Lear*:

> Dulden muß der Mensch
> sein Scheiden aus der Welt wie seine Ankunft,
> Reif sein ist alles. (V,2; 9–11)

Obwohl sich noch viele Zitate anführen ließen, in denen ein ähnlicher Fatalismus anklingt, lässt doch nichts auf eine durchgängig deterministische Weltsicht schließen. Das Drama, in dem die Schicksalsmächte am handgreiflichsten in Erscheinung treten, nämlich *Macbeth*, versieht sie zugleich mit dem deutlichsten Fragezeichen. Wenn gleich zu Beginn des Stückes die Hexen auftreten und Macbeth drei Prophezeiungen verkünden, die alle eintreffen, dann scheint dies auf eine übernatürliche Heteronomie hinzuweisen. Doch die erste Prophezeiung, dass Macbeth Than von Glamis wird, ist bereits eingetroffen und dem Zuschauer wie auch Macbeth bekannt. Die zweite – dass er Than von Cawdor wird – ist ebenfalls schon erfüllt. Der Zuschauer weiß es, nur Macbeth noch nicht. Beide sind also gar keine Prophezeiungen. Die dritte aber, die sagt, dass er König werden soll, wird durch ihn selber gewaltsam realisiert, was ebenfalls nichts Schicksalhaftes hat. Andererseits erfährt Banquo von den Hexen echte Weissagungen, und auch das, was Macbeth bei seiner zweiten Begegnung mit den Hexen von diesen hört, trifft später ein. Damit liegt hier eine höchst ambivalente Form von Schicksalhaftigkeit vor. Shakespeare scheint zwar die Existenz heteronomer Schicksalsmächte anzuerkennen, doch gefährlich werden sie aus seiner Sicht erst, wenn der Mensch sich ihnen schuldhaft preisgibt.

Ähnlich fließend ist der Übergang von Selbstverantwortung und schicksalhafter Determinierung in den übrigen Stücken. Ein objektives Schicksal im Sinne der antiken Moira tritt dabei nirgends in Aktion. In der ans Tragische streifenden Komödie *Ende gut, alles gut* spricht die Heldin Helena dies deutlich aus:

> Das Heilende, das wir für himmlisch halten,
> Liegt in uns selber oft. Des Himmels Walten
> Lässt freien Raum uns, hemmt nur dann das Tun,
> Wenn unsre Kräfte stumpf und träge ruhn. (I,1; 235–238)

Als Ursache dafür, dass der Mensch unter die Heteronomie des Schicksals gerät, wird hier der Verzicht auf autonomes

Handeln genannt. Somit hätte Hamlet durch sein Zaudern sein eigenes Schicksal herbeigerufen. Andererseits zog Macbeth sein Verhängnis gerade dadurch auf sich, dass er die Prophezeiung der Hexen selber erfüllte, statt auf ihre Erfüllung zu warten.

Mann und Frau

Eines der zentralen Themen in Shakespeares Werken ist das Verhältnis von Mann und Frau. In den Komödien steht es im Mittelpunkt, da hier die eheliche Verbindung der männlichen und weiblichen Hauptfigur der angestrebte Abschluss der gesamten Handlung ist. Aber auch in den Tragödien spielt es eine wichtige Rolle. So ist Lady Macbeth die treibende Kraft, die ihren Mann auf seine tragische Bahn drängt. In *Antonius und Cleopatra* zeigt bereits der Titel an, dass eine Mann-Frau-Beziehung im Mittelpunkt steht. Um eine solche geht es auch in *Othello*. Selbst in *Julius Caesar* und *Coriolan*, wo die Männerwelt des Kriegs dominiert, spielen Frauen eine wichtige Rolle. Wie kaum anders zu erwarten, erweist sich Shakespeare in deren Darstellung durchaus als ein Kind seiner Zeit. Das heißt, dass auch er einige stereotype Vorurteile gegenüber den Frauen zum Ausdruck bringt. Wenn z.B. Hamlet sagt: „frailty, thy name is woman", dann drückt sich darin die von allen Elisabethanern geteilte Auffassung aus, dass Frauen nicht nur körperlich, sondern auch moralisch schwächer seien als Männer. Sie galten als Wesen von schwachem Verstand und starker Sinnlichkeit, weshalb sie der Zähmung durch den Mann bedurften. In *Der Widerspenstigen Zähmung* wird dies in komischer Form vorgeführt. Doch am Ende ist schwer zu sagen, ob die widerspenstige Katharina wirklich gezähmt ist oder ob sie nicht eher aus weiblicher Schlauheit die Unterworfene nur spielt. Jedenfalls wirkt sie in ihrem abschließenden Bekenntnis zum Gehorsam wie die schlaue Portia im *Kaufmann von Venedig*, die sich einerseits bei der Kästchenwahl der Bedingung ihres Vaters widerspruchslos unterwirft und die doch andererseits mit souveräner Überlegenheit die Fäden des ganzen Stückes in der Hand hält.

Neben bösen Frauen wie Lady Macbeth und den Lear-Töchtern Goneril und Regan und klug-überlegenen wie Portia im *Kaufmann von Venedig* und Rosalynd in *Wie es euch gefällt* gibt es bei Shakespeare noch den Griseldis-Typ, so benannt nach der Figur der letzten Geschichte aus Boccaccios *Decamerone*. Es sind unterwürfige Frauen, die geduldig alle Ungerechtigkeiten des geliebten Mannes ertragen, bis sie nach langem Leiden endlich dessen Zuneigung gewinnen. Bei Shakespeare kehrt der Typus in vielen Abwandlungen wieder, in besonders ausgeprägter Form in Gestalt Helenas (*Ende gut, alles gut*) und Hermiones (*Ein Wintermärchen*). Von einem bestimmten Frauenideal lässt sich bei ihm aber kaum sprechen. Zweifellos teilte er die Ansicht, dass Frauen sich dem Manne zu fügen haben. Doch seine Sympathie liegt nicht nur bei den unterwürfigen Frauen, sondern mehr noch bei denen, die wie Portia und Rosalynd den Mann geschickt an ihren Fäden tanzen lassen, ohne dass er es merkt.

Gerechtigkeit und Gnade

Da in allen Stücken Shakespeares das moralische Problem des Widerstreits von Vernunft und Leidenschaft im Zentrum steht, gibt es jedes Mal Charaktere, die gegen das Vernunftgebot verstoßen und darum zur Wiederherstellung der Ordnung entweder bestraft oder begnadigt werden müssen. Deshalb spielt das Problem von Vergebung und Gnade bei ihm eine zentrale Rolle. Das poetischste Plädoyer für den „milden Regen" der Gnade hat er Portia im *Kaufmann von Venedig* in den Mund gelegt, wenngleich Shylock anschließend davon ausgeschlossen bleibt. Aber auch der Fürst in *Wie es euch gefällt* und Prospero im *Sturm* verzichten auf Rache und verzeihen stattdessen. Der Ausgleich aller zuvor virulent gewordenen Spannungen ist für die Schlüsse von Shakespeares Stücken so charakteristisch, dass es den Leser und erst recht den Shakespeareforscher irritiert, wenn der Schluss das Gerechtigkeitsgefühl einmal nicht befriedigt, wie z.B. in *Maß für Maß*. Aber gerade hier wird vorgeführt, wie durch die vorsätzliche Abwesenheit des Fürsten die moralische Krankheit aus Angelo hervorgerufen, zum Ausbruch gebracht und zuletzt durch Gnade geheilt wird.

Glauben und Skepsis

Shakespeare lebte und schrieb in einer durchgängig christlichen Welt. Zwar gab es zwischen Katholiken, Anglikanern und Puritanern scharfe Gegensätze, doch ändert das nichts daran, dass die gesamte elisabethanische Kultur christlich fundiert war. Auch in Shakespeares Stücken ist das Christliche allgegenwärtig. In ihnen treten Bischöfe, Priester und Mönche auf; es wird gebetet, mit Gottes Strafe gedroht und vor der Hölle gewarnt. Dennoch fallen wesentliche Kernelemente christlichen Denkens durch Abwesenheit auf. So gibt es kaum ein Beispiel für jene Erlösungsgewissheit, die z.B. bei dem Spanier Calderón aus so gut wie allen Stücken spricht. Wenn dieser ein Stück *La vida es sueño (Das Leben ist ein Traum)* nennt, dann steht dahinter die Vorstellung, dass der Mensch aus dem Traum zum ewigen Leben erwacht. Bei Shakespeare aber sagt Prospero:

> Wir sind aus Stoff
> Wie dem der Träume; unser kleines Leben
> Umgibt ein Schlaf, ... (*Der Sturm*, IV,1; 156–158).

Das klingt so agnostizistisch wie Hamlets berühmter Monolog, in dem er das Zurückscheuen vor dem Selbstmord einzig der Ungewissheit darüber zuschreibt, was nach dem Tode kommen mag. Noch skeptischer, geradezu atheistisch muten die Worte Macbeths an:

> Das Leben ist ein wandelnd Schattenbild,
> Ein armer Spieler, der auf dieser Bühne
> Ein Stündchen fuchtelt und herumstolziert
> Und dann vergessen ist. Es ist ein Märchen,

Erzählt von einem Irren, voller Klang
Und Wut, das nichts bedeutet. (V,4; 24–29)

Nicht minder schwarz ist, was Gloucester in *König Lear* sagt:

Was Fliegen sind
Für wilde Knaben, das sind wir den Göttern;
Sie töten uns zum Spaß (IV,1; 36f.).

Wohlgemerkt, dies alles ist Rollensprache und nicht Shakespeares persönliches Bekenntnis. Doch wenn solchen Äußerungen nichts entgegensteht, worin sich christliche Erlösungsgewissheit ausdrückt, wird man in Shakespeare ein hohes Maß an Skepsis vermuten. Christlicher Glaube im strengen Sinn spricht nur aus Sonett Nr. 146:

O Seele, Zentrum meiner sünd'gen Hülle,
In die du dich so stolz und eitel kleidest,
Verschleudre nicht aufs Äußre solche Fülle,
Derweilen du im Innern Mangel leidest.
Weshalb verschwendest du so hohe Kosten
Auf etwas, das dir nur so kurz gehört?
Willst du den Würmern diesen schönen Posten
Der Erbschaft lassen, von dir selbst vermehrt?
Lass doch den Körper, deinen Diener, schmachten
Und leb' von ihm, statt ihm ein Knecht zu sein.
Kauf ewigen Besitz, statt nur zu pachten,
Dein Innres nähre, nicht den äußren Schein.
    Nähr dich vom Tod, wie er den Menschen frisst,
    Dann stirbt das Sterben, bis kein Tod mehr ist.

Dies Gedicht, das man eher unter den Werken der *metaphysical poets* als in der unmittelbaren Nachbarschaft der Sonette an die Dark Lady vermuten würde, ist Shakespeares einziges Werk mit einem durch und durch christlichen Gehalt. Der gesamte Rest spiegelt eine Geisteshaltung, die zwischen Hoffnung und Zweifel, zwischen Glauben und Skepsis hin- und herschwankt. Dabei darf allerdings nicht vergessen werden, dass es in der damaligen Zeit verboten war, kontroverse religiöse Themen auf der Bühne zu verhandeln. Ein Gesetz von 1605 bedrohte außerdem jeden, der auf der Bühne den Namen Gottes, Jesu oder des Heiligen Geistes „jestingly or profanely" gebraucht, mit einer Strafe von 10 Pfund. Respektvoller Gebrauch wäre zwar erlaubt gewesen, doch scheint Shakespeare das Risiko bewusst gemieden zu haben. Während in den frühen Stücken der Name Gottes oft fällt – in *Richard III.* z. B. 103-mal –, schwindet er aus den späteren Stücken ganz oder wird, wie in *Lear*, durch den heidnischen Plural *gods* ersetzt.

Die Angst vor dem Zensor kann aber wohl kaum der Grund für die Abwesenheit einer christlichen Weltsicht gewesen sein. Lässt man das gesamte Werk vor sich Revue passieren, wird man sich des Eindrucks nicht erwehren können, dass sich darin ein jugendlicher Dichter aufmacht, den Kontinent der *conditio humana* zu entdecken, dass er später mit seinem Schiff in die immer bedrohlicher werdenden Unwetter der Tragödien gerät und zuletzt in den befriedeten Hafen der späten Romanzen einläuft. Doch selbst im *Sturm*, in dem der letzte Nachhall des Sturms auf der Heide von *König Lear* sich zu milder Altersweisheit abklärt, ist von Glaubensgewissheit im christlichen Sinn nichts zu spüren, wie u. a. dem obigen Zitat zu entnehmen war.

Tragik

Das charakteristischste Merkmal von Shakespeares Weltsicht ist, wie sich zeigte, Ambivalenz. Er fordert die Herrschaft der Vernunft und zeigt doch zugleich, dass der Mensch nur durch Leidenschaft zu großem Handeln fähig wird. Er billigt seinen Figuren Willensfreiheit zu und lässt sie trotzdem als Spielball des Schicksals erscheinen. Selbst die Ehre, der er hohen Wert beimisst, lässt er durch Falstaff in Frage stellen. Seine Stücke zeigen, wie leicht die Weltordnung ins Wanken gerät, und doch enden sie alle mit deren Wiederherstellung. Im politischen Bereich spricht er sich eindeutig für die charismatische Autorität des Herrschers aus, doch gleichzeitig stellt er Stolz,

Ehrgeiz und Machtgier als Verstoß gegen die sittliche Ordnung dar. Frauen sind in seinen Augen moralisch schwach und von anfälliger Sinnlichkeit, doch zugleich fähig zu vernünftigen Kompromissen, zu Versöhnung und Gnade. Würde man ein vollständiges Inventar aller normativen Äußerungen in seinen Werken erstellen, käme man zu dem Ergebnis, dass er in allen wesentlichen Punkten Ja und Nein zur gleichen Zeit sagt. John Keats hat dies als das Merkmal seiner Größe angesehen. Er nannte es *negative capability* und meinte damit die bei Shakespeare besonders stark ausgeprägte Fähigkeit, die Antinomien des menschlichen Lebens durch sich wie durch ein Medium hindurchgehen zu lassen und sie in ihrer Unauflöslichkeit im Werk sichtbar zu machen.

Am klarsten tritt dies dort in Erscheinung, wo auf den harmonischen Ausgleich der Gegensätze verzichtet und die Ordnung statt durch sanftes Biegen durch den tragischen Bruch wiederhergestellt wird. Aus der überwältigenden Fülle von Tragödien, die in den achtzig Jahren zwischen dem Erscheinen des *Gorboduc* (1561) von Sackville und Norton und der Schließung der Theater 1642 herauskamen, ragen Shakespeares nicht nur durch ihre Qualität heraus, sie sind auch diejenigen, die dem Wesen der Gattung am meisten entsprechen. Legt man die aristotelische Definition zugrunde, dann ist die Tragödie ein Stück, das durch Schrecken (*phobos*) und Jammer (*eleos*) kathartische Entlastung bewirkt. Damit dieser orgastische Ablauf von Anheben und Absenken des Reizniveaus mit abschließender Befriedigung zustande kommen kann, darf der Held weder ein Heiliger noch ein Verbrecher sein. Im ersten Fall würde man um ihn fürchten, könnte aber angesichts seines Sturzes keine Befriedigung empfinden; im zweiten Fall würde man den Untergang mit Befriedigung quittieren, würde aber vorher nicht um den Verbrecher fürchten. Folglich muss der Held ein positiver Charakter sein, der durch eine schuldhafte Verfehlung (*hamartia*) eine Kausalkette auslöst, die zu seinem Untergang führt.

Shakespeares Tragödien entsprechen exakt diesem Schema, wie später noch näher gezeigt werden wird. Hier soll erst einmal die Frage aufgeworfen werden, weshalb in der Shakespearezeit die Menschen ein solches Bedürfnis danach hatten, die Helden untergehen zu sehen, während das heutige Kinopublikum wünscht, dass die Helden triumphieren und die Verbrecher bestraft werden. Der Verfasser hat in seinem Buch *Die Tragödie. Theorie und Geschichte* eine ausführliche Antwort auf diese Frage zu geben versucht, die hier nur grob zusammengefasst werden kann. Furcht um den Helden setzt ein Aufschauen zu ihm voraus, wie es einer aristokratischen Wertordnung entspricht. Doch in Aristokratien wird der Sturz des Helden nicht als kathartische Entlastung erlebt, sondern als Verlust, der durch lang anhaltende Trauerarbeit bewältigt werden muss. Deren ritualisierte Form ist die Totenklage, im Griechischen der *threnos*. Umgekehrt ist in einer egalitären Gesellschaft Befriedigung über die Nivellierung des Helden zu erwarten, doch wird ihr keine Bewunderung vorausgehen, da jedes Herausragen über das Normalmaß Misstrauen hervorruft. In der Tragödie gehen nun diese beiden Reaktionsweisen – die aufschauende Bewunderung für den Helden und die egalitäre Befriedigung über seine Nivellierung – eine Verbindung ein. Demzufolge wären Tragödien dort zu erwarten, wo eine aristokratische Ordnung im Schwinden und eine egalitäre schon im Entstehen begriffen ist. Genau dies war der Fall in den beiden großen Epochen tragischer Dichtung, im Athen des Perikles und im England Elisabeths.

Shakespeare lebte in einer Zeit, in der eine höfische und eine bürgerliche Kultur nebeneinander bestanden. Die höfische brachte pastorale Dichtungen wie Sidneys *Arcadia*, Allegorien wie Spensers *Fairie Queene* und die unter Jakob I. immer beliebter werdenden Maskenspiele hervor, während für die bürgerliche Kultur die satirische Komödie und das moralisierende Schauerstück charakteristisch waren. Die Tragödie florierte in der kurzen Zeit, in der die beiden Kulturen in den Köpfen der Mehrheit koexistierten. Shakespeare, obwohl ein Bürgersohn, stand mit seiner konservativ-paternalistischen Grundhaltung der alten aristokratischen Ordnung noch sehr nahe. Dennoch war er Bürger genug, um neben der ererbten Tradition auch noch die ihrem Wesen nach egalitäre Forderung nach Gerechtigkeit zu vertreten. Bei keinem Dichter seiner Zeit kommt dieser Zwiespalt des elisabethanischen Bewusstseins so deutlich zum Ausdruck wie bei ihm.

Die Versepen

Als am 23. Juni 1592 wegen eines Pestausbruchs die Theater in London geschlossen wurden und es mit kurzen Unterbrechungen bis Ende 1593 blieben, war der hoffnungsvolle Schauspieler und Stückeschreiber William Shakespeare, der sich gerade erst mit seinem Dreiteiler *Heinrich VI.* und vielleicht der einen oder anderen Komödie einen Namen gemacht hatte, erst einmal arbeitslos. Da es offensichtlich keine andere Einnahmequelle für ihn gab, nutzte er die erzwungene Pause und schrieb zum ersten und einzigen Mal zwei Werke für den Buchmarkt. Es waren die beiden Versepen *Venus and Adonis* (1593) und *The Rape of Lucrece* (1594), die er beide dem Grafen Southampton widmete. Ob der Graf jener mysteriöse Freund war, an den Shakespeares Sonette adressiert sind, wird zwar vermutet, ist aber durch kein eindeutiges Zeugnis belegt. Ebenso gut könnte der Dichter sich auch nur ein Zubrot verdient haben, indem er dem Grafen die Widmung antrug und dafür, wie es üblich war, einen Dank in klingender Münze empfing.

Das erste Epos behandelt den Stoff von Ovids 10. Metamorphose, wo der schöne Jüngling Adonis die um ihn werbende Venus verschmäht und lieber zur Jagd geht, bei der er von einem Eber getötet wird. Obwohl die Geschichte tragisch ausgeht, wird sie von Shakespeare eher spielerisch und mit einem Hauch von Frivolität erzählt. Die werbende Göttin bietet all ihre Reize auf, um die Leidenschaft des spröden Jünglings zu entflammen, doch er bleibt kalt und muss seine Weigerung mit dem Leben bezahlen, worauf die trauernde Göttin dem Blut des Geliebten die Anemone entspringen lässt.

Das zweite Versepos erschien im Jahr darauf unter dem Titel *Lucrece*, ist aber als *The Rape of Lucrece (Die Schändung der Lukrezia)* in die Literaturgeschichte eingegangen. Der Stoff geht ebenfalls auf Ovid zurück sowie auf das erste Buch von Livius' *Ab urbe condita*. Die Geschichte war aber so bekannt, dass Shakespeare sie auch aus anderen Quellen kennen konnte, so aus Chaucers *Legend of Good Women*, aus John Gowers *Confessio Amantis* oder aus William Painters *Palace of Pleasure* (1566/67). Sie handelt davon, wie während eines Krieges der Römer Collatin im Feldlager die Schönheit und Keuschheit seiner Frau Lukrezia in so glühenden Farben malt, dass Sextus Tarquinius, der Sohn des Tyrannen, Feuer fängt, sich heimlich aus dem Lager stiehlt und die Frau zu Hause aufsucht, um sie zu verführen. Als sie seine Annäherung empört zurückweist, vergewaltigt er sie, worauf sie nach der Rückkehr des Gatten diesen Rache schwören lässt und sich darauf ersticht. Musste in dem ersten Gedicht der Held dafür büßen, dass er sich der Leidenschaft verweigerte, so werden in dem zweiten Lukrezia und Tarquinius Opfer einer Leidenschaft, die alle Dämme der Moral und Vernunft überspült. Damit ist schon hier das Grundmotiv angeschlagen, das danach das gesamte Werk des Dichters durchzieht.

Die beiden Versepen erfreuten sich zu Lebzeiten des Dichters großer Beliebtheit und höchster Wertschätzung. In Kreisen der Gebildeten beruhte Shakespeares Ansehen weit mehr auf diesen Werken als auf seinen Dramen. Das erste der beiden erlebte bis 1640 sechzehn Auflagen, das zweite mindestens neun. In beiden erweist sich ihr Verfasser bereits als großer Sprachkünstler, wenngleich die handwerkliche Kunst die inhaltliche Substanz teilweise erdrückt. Zumal im ersten Werk drängt sich der Eindruck auf, als wollte der Dichter zeigen, wie man mit sprachlichen Mitteln die ganze Klaviatur erotischer Stimulation von zarter Erregung bis hin zu handgreiflicher Verführung wiedergeben kann. Im zweiten Gedicht wird der sexuellen Erregung als noch stärkere Leidenschaft das Racheverlangen Lukrezias gegenübergestellt, das ähnlich ausführlich als langsames Anschwellen bis hin zur Katastrophe dargestellt wird. Dem modernen Leser werden beide Gedichte trotz ihrer Sprachkunst als etwas zu detailliert und dadurch langatmig erscheinen. Sie lassen erraten, weshalb sich Shakespeare danach nie wieder dem Versepos und stattdessen dem Drama zuwandte; denn hier stellen lebende Schauspieler als simulierte Ralität dar, was sich im Epos nur als Fiktion beschreiben lässt.

Die Sonette

1609 erschien ein Werk Shakespeares, das die Literaturwissenschaft noch mehr beschäftigen sollte als sein meistdiskutiertes Stück, der *Hamlet*. Es trug den Titel *Shakespeare's Sonnets. Never before Imprinted* und war mit der kryptischen Widmung versehen: „To the onlie begetter of these ensuing sonnets Mr. W. H. all happinesse and that eternitie promised by our everliving poet wisheth the wellwishing adventurer in setting forth. T. T." („Dem einzigen Urheber der folgenden Sonette, Herrn W. H., wünscht alles Glück und die Ewigkeit, die der unsterbliche Dichter ihm verheißt, der wohlwollende, dies Unternehmen wagende T. T."). Hinter den letztgenannten Initialen verbarg sich der Verleger Thomas Thorpe, in dessen Auftrag das Buch von dem Drucker George Eld hergestellt wurde. Wer dagegen „the onlie begetter ... Mr. W. H." war, dem er das Buch widmete, ist bis heute ungeklärt. *Begetter* bedeutet eigentlich ‚Erzeuger'; doch der Autor kann hier nicht gemeint sein. Manche Forscher verstehen das Wort deshalb als ‚Beschaffer' und denken an die Person, die dem Verleger das Manuskript zugespielt hatte. Das könnte z. B. William Hall gewesen sein, der unter den Initialen W. H. 1606 eine Widmung für ein Buch des Dichters Robert Southwell schrieb, das wie die *Sonnets* von George Eld gedruckt wurde. Nur ist die Bedeutung ‚Beschaffer' im elisabethanischen Sprachgebrauch nicht belegt. Deshalb entschied sich die Forschung mehrheitlich für die Annahme, dass mit *begetter* derjenige gemeint sei, der die Sonette ins Leben gerufen hat, also der Adressat; denn 126 der insgesamt 154 Sonette sind an einen jungen Mann gerichtet, dessen Schönheit der Dichter preist und dem er seine tiefe Liebe bekundet. Dieser junge Mann müsste sie dem Verleger zur Verfügung gestellt haben.

Als Adressat werden auf Grund der Initialen vor allem zwei Kandidaten genannt, zum einen Henry Wriothesley, der spätere Graf Southampton, dem Shakespeare schon seine beiden Versepen widmete, und zum anderen William Herbert, der spätere Graf Pembroke, dem die 1623 erschienene First Folio Edition der Dramen zugeeignet ist. Im ersten Fall müsste man annehmen, dass zur Verschleierung der Identität des Adressaten die Initialen umgestellt wurden. Schwierigkeiten macht in beiden Fällen die Tatsache, dass ein Angehöriger des Hochadels mit Mr. angeredet wird, was in damaliger Zeit als ungehörig empfunden worden wäre, es sei denn, der Angeredete war noch ein Kind. Für alle übrigen Kandidaten, die von der Forschung ins Spiel gebracht wurden, gibt es außer den Initialen nicht den geringsten Anhaltspunkt.

So ungewiss wie die Identität des Adressaten ist die Reihenfolge der Sonette. Die der Erstausgabe wird zwar von den meisten Herausgebern übernommen, doch hat es nicht an Versuchen gefehlt, durch eine neue Anordnung eine ganz andere Geschichte aus den Sonetten herauszulesen. Worum geht es in ihnen? Die ersten 17 Sonette versuchen einen schönen jungen Mann zur Ehe zu überreden, um seine Schönheit an Nachkommen weiterzugeben. Sie sind im Ton noch distanziert und klingen wie eine Pflichtarbeit, die von besorgten Eltern eines heiratsunwilligen Sohnes in Auftrag gegeben wurde. Ab dem 18. Sonett geht es dann aber nicht mehr um das Heiraten, sondern um die Liebe, die der Dichter für den Angeredeten empfindet. Ob es sich dabei um intensive Freundesliebe oder um Homosexualität handelt, ist bis heute umstritten. Letzteres scheint durch Sonett Nr. 20 widerlegt zu werden. Dort schreibt der Dichter, dass die Natur den geliebten Freund als schöne Frau entworfen und erst im letzten Moment zum Mann gemacht habe, indem sie ihm das männliche

Attribut hinzufügte, durch das er ihm, dem Dichter, als körperlicher Liebespartner entzogen wurde.

> And for a Woman wert thou first created,
> Till Nature as she wrought thee fell a-doting,
> And by addition me of thee defeated,
> By adding one thing to my purpose nothing.
>> But since she pricked thee out for women's pleasure,
>> Mine be thy love and thy loves use their treasure.

> Zur Frau warst du zuerst bestimmt. Doch ward
> Natur, dich schaffend, durch ihr Werk verleitet
> Zu weitrer Zutat; so bin ich genarrt
> Durch jenes Ding, das für mich nichts bedeutet.
>> Da sie's dir gab, den Fraun zur Lust zu dienen,
>> Lass deine Liebe mir, den Nießbrauch ihnen.

Den *prick* (= Penis), mit dem die Natur den Freund versehen
hat, will der Dichter den Frauen zum Vergnügen überlassen,
während er selber nichts weiter begehrt als seine Liebe. Ob
dies bewusst als Distanzierung von körperlicher Homosexualität oder nur als deren Tarnung gemeint ist – immerhin stand
auf Geschlechtsverkehr zwischen Männern die Todesstrafe –,
lässt sich schwer entscheiden. In den darauffolgenden 106 Sonetten stellt sich der Dichter jedenfalls als ein Liebender dar,
dessen Gefühle zwischen Verehren und Begehren, zwischen
Verzweifeln und Hoffen so leidenschaftlich hin- und her-
schwanken wie in einer sexuellen Beziehung.

Aus der Abfolge der Sonette lässt sich in groben Zügen die
Entwicklung dieser für den Dichter ebenso beglückenden wie
qualvollen Beziehung ablesen. Anfangs widmet er sich ganz
der Aufgabe, die Schönheit des Freundes in Gedichten für die
Nachwelt zu verewigen. Später macht er ihm Vorwürfe, wobei eine Frau im Spiel ist, die offenbar seine Geliebte ist, die
ihn aber mit dem Freund betrügt. Außerdem wird auf einen
rival poet angespielt, der den Dichter aus der Gunst des
Freundes verdrängte. Danach ist von vorübergehender Trennung und erneuter Annäherung die Rede. Auf die 126 an den

Freund gerichteten Sonette folgen 28 weitere, von denen 24 an eben jene untreue Frau adressiert sind, auf die schon früher angespielt wurde. Im Gegensatz zum damals vorherrschenden Schönheitsideal, das bei Frauen weiße Haut, blondes Haar und graue Augen bevorzugte, wird die untreue Geliebte als *black* beschrieben, was sich auf Augen, Haar und Teint gleichermaßen bezieht. Manche Kritiker haben daher in ihr eine Exotin vermutet. In historischen Quellen stieß man sogar auf eine schwarze Prostituierte, die in Halbweltkreisen als Lucy Negro, Abbess of Clerkenwell, bekannt war. Wahrscheinlich war die geheimnisvolle *femme fatale* aber eine dunkelhaarige Frau südländischen Typs mit schwarzen Augen und brünetter Haut. Über diese Dark Lady ist unendlich viel geschrieben worden. Lange Zeit glaubte man, es handele sich um Mary Fitton, eine Hofdame Elizabeths, die vom Grafen Pembroke geschwängert wurde, was zu einem Skandal führte, weil der Graf sich weigerte, sie zu heiraten. Dann aber tauchte ein Porträt von ihr auf, das sie als hellhäutige Schönheit mit grauen Augen zeigt. Wenn allerdings, wie Sonett 135 vermuten lässt, auch der Freund Will hieß, spräche dies für Pembroke als Mr. W. H. Nur müsste die gemeinsame Geliebte dann eine andere Frau gewesen sein. Auch der andere Kandidat für Mr. W. H., nämlich Henry Wriothesley, verursachte durch Schwängerung einer Hofdame Elisabeths einen Skandal, wenngleich er Elizabeth Vernon, so ihr Name, danach heiratete, so dass sie als Dark Lady kaum in Frage kommt. Der Historiker und Shakespeareforscher A. L. Rowse stieß bei Quellenstudien auf die Erwähnung einer gewissen Aemilia Lanyier, geb. Bassani, Tochter eines Musikers und feministische Dichterin, die im Tagebuch ihres Arztes und Liebhabers Simon Forman so figuriert, dass man sie sich als Dark Lady vorstellen kann. Doch fand sich bisher kein Hinweis darauf, dass sie irgendetwas mit Shakespeare zu tun hatte.

So ungewiss wie die Identität des Adressaten und der Dark Lady ist das Entstehungsdatum der Sonette. Nur zwei von ihnen, Nr. 138 und 144, wurden bereits 1599 in dem Sammelband *The Passionate Pilgrim* veröffentlicht. Die übrigen wurden anscheinend erstmals in der Gesamtausgabe gedruckt. Ein Datierungshinweis verbirgt sich in Sonett Nr. 107, nur ließ er sich bis heute nicht entschlüsseln. Dort heißt es:

The mortal moon hath her eclipse endured,
And the sad augurs mock their own presage,
Incertainties now crown themselves assured,
And peace proclaims olives of endless age.

Des Mondes sterblich Bild hat überlebt,
Und die Propheten haben sich blamiert.
Gewissheit herrscht, statt dass die Welt erbebt;
Endloser Friede, den der Ölzweig ziert.

Für das, was mit *mortal moon* gemeint ist, gibt es fünf Deutungen. Erstens könnte es sich auf die spanische Armada beziehen, die in Halbmondformation angriff. In diesem Fall müsste *endured* soviel wie ‚erlitt‘ bedeuten. Zweitens könnte es sich um eine Mondfinsternis handeln, wie sie im Jahr 1595 stattfand. Hier wäre *endured* mit ‚überstand‘ zu übersetzen. Es könnte sich aber auch auf Königin Elisabeth beziehen, die oft mit der jungfräulichen Mondgöttin Cynthia verglichen wurde. Sie hatte von 1595 auf 1596 ihr sogenanntes Grand Climacteric. Man verstand darunter das 63. Lebensjahr, das als Produkt der magischen Zahlen 7 und 9 als besonders kritisch galt. Auch bei dieser Deutung wäre *endure* im Sinne von ‚überstehen‘ zu übersetzen. Es könnte sich viertens aber auch auf die schwere Krankheit beziehen, die die Königin 1599–1600 überlebte. Fünftens und letztens könnte sich *endured* im Sinne von ‚erlitt‘ auf Elisabeths Tod 1603 beziehen; dann würde der Rest auf die ausgebliebenen Unruhen beim Thronwechsel anspielen. Keine der aufgeführten Deutungen und der daraus folgenden Datierungen lässt sich schlüssig beweisen. So bleibt der Kritiker auf seine persönliche Intuition angewiesen. Da die Sonette eine größere geistige Reife und eine subtilere sprachliche Ausdruckskraft verraten als die frühen Stücke, ist eine Datierung in die erste Hälfte der 90er Jahre unwahrscheinlich. In Sonett 104 ist von einer dreijährigen Beziehung zwischen dem Dichter und seinem Freund die Rede, so dass die letzten Sonette um 1600 entstanden sein müssten. Da aber war der 1573 geborene Southampton schon 27 Jahre alt, so dass er dann wohl kaum der gewesen sein kann, den Shakespeare in Sonett 126 mit *my lovely boy* anredet. Das spräche für Pembroke, der um 1600 erst sechzehn war. Allerdings könnten dann die ersten Sonette, die den Grafen zur Heirat auffordern, erst nach 1600 entstanden sein.

Man mag es drehn und wenden, wie man will, weder für die Datierung noch für die Identifizierung des Geliebten und der Dark Lady gibt es irgendwelche halbwegs gesicherten Anhaltspunkte, zumal nicht einmal ganz ausgeschlossen ist, dass die Sonette überhaupt keinen realen Bezug haben, sondern ein bloß fingiertes Liebesverhältnis ausdrücken, wie dies in der Sonettdichtung der Zeit durchaus üblich war. Hierfür spräche möglicherweise eine Schlüsseldichtung aus dem Jahr 1594, die den Titel *Willobie His Avisa* trägt. Sie wurde, offenbar wegen ihrer Anspielungen auf lebende Personen, zeitweilig verboten. Es geht darin um die Prüfung der Treue einer Frau mit Namen Avisa, was ein Akronym aus *Amans uxor inviolata semper amanda* ist. Das Besondere an dem Gedicht ist, dass Shakespeare darin direkt genannt wird und dass Henry Willobie einen W. S. um Rat fragt. Das ließe vermuten, dass es sich um Mr. W. H. und William Shakespeare handelt. Doch da es auch hierzu keinen Schlüssel gibt, hilft diese Quelle nicht weiter.

Was die Sonette noch heute so faszinierend macht, sind nicht die biographischen Rätsel, sondern die überaus komplexen Gefühle, die in ihnen zum Ausdruck kommen, und die nicht minder komplexen Gedanken, die darin mit unübertroffener Sprachkraft artikuliert werden. Es gibt nicht viele Dichtungen, in denen ein Autor mit so schonungsloser Selbstentblößung zeigt, wie er an der Angel einer rückhaltlosen Liebe zuckt und leidet. Und es gibt keine, in der Gedanken und Gefühle so subtil und tiefgründig zum Ausdruck gebracht werden. Drei Themenkomplexe sind es vor allem, die immer wieder neu aus wechselnder Sicht zur Sprache kommen, zum einen die Liebesbeziehung, zum zweiten die Vergänglichkeit des Schönen und zum dritten die Fähigkeit des Dichters, das Schöne im Gedicht unvergänglich zu machen. Die Sonette durchzieht das unablässige Bestreben, das Schöne der Vergänglichkeit zu entreißen und die Unbeständigkeit der sinnlichen Liebe in eine dauerhafte Beziehung zu überführen.

Time, fortune, chance, love, beauty, verse, death und *eternity* sind Schlüsselbegriffe, um die herum sich komplexe Gedanken- und Gefühlsketten kristallisieren. Zusammengeführt werden diese Motive durch das Gestaltungsmittel des *conceit*. Man versteht darunter einen elaborierten Vergleich, der durch mehrere Vergleichsebenen hindurchgeführt wird und auf jeder Ebene einen neuen Bedeutungsaspekt zum Ausdruck bringt. So beginnt z. B. Sonett 146 (vgl. Seite 48) mit der Zeile „Poor soul, the centre of my sinful earth". Dieser Anfangsvergleich der Seele mit dem Zentrum des irdischen Körpers wird danach in andere Realitätsebenen übersetzt, wobei die Seele nacheinander als Bewohnerin eines Hauses, als Pächterin eines Landguts und als Herrin über einen Diener bezeichnet wird. Das Sonett gehört übrigens zusammen mit Nr. 145, 153 und 154 zu den vieren, die unter den 24 Sonetten an die Dark Lady wie Fremdkörper wirken. Sie haben weder etwas mit dem jungen Geliebten noch mit der Lady zu tun und sind vielleicht erst durch den Herausgeber in die Sammlung eingefügt worden.

Die Komplexität der *conceits* wird noch dadurch erhöht, dass Shakespeare durchgängig Wortspiele einsetzt, von denen manche heute nicht mehr zu entschlüsseln sind. Um ein Beispiel für die interpretatorischen Schwierigkeiten zu geben, soll im Folgenden Nr. 18, Shakespeares meistanthologisiertes Sonett, betrachtet werden.

Shall I compare thee to a summers's day?
Thou art more lovely and more temperate.
Rough winds do shake the darling buds of May.
And summer's lease hath all too short a date.
Sometime too hot the eye of heaven shines,

And often is his gold complexion dimmed;
And every fair from fair sometime declines,
By chance or nature's changing course untrimmed.
But thy eternal summer shall not fade,
Nor lose possession of that fair thou ow'st,
Nor shall Death brag thou wander'st in his shade,
When in eternal lines to time thou grow'st.
   So long as men can breathe and eyes can see,
   So long lives this, and this gives life to thee.

Soll ich dich einem Sommertag vergleichen,
Dich, der du lieblicher und milder bist?
Um Maienknospen raue Winde streichen,
Und Sommers Pacht hat allzu kurze Frist.
Oft scheint des Himmels Aug' zu heiß herab,
Dann wieder ist sein goldner Schein getrübt.
Und alles Schöne weicht vom Schönen ab
Durch Zufall oder wie's Natur beliebt.
Dein Sommer aber hört nie auf zu strahlen,
Noch geht verloren deine Lieblichkeit,
Noch wird der Tod, dich zu besitzen, prahlen:
In ew'gen Zeilen wächst du in die Zeit.
   Solange Menschen atmen, Augen sehn,
   Solang lebt dies, und dies lässt dich bestehn.

Vordergründig weist das Sonett eine fast romantische Einfachheit auf und wirkt insofern viel weniger elisabethanisch als die meisten anderen. In kritischen Ausgaben zählt es zu den am wenigsten kommentierten. Nur zwei Wörter werden regelmäßig mit einer Erklärung versehen, *untrimmed* und *ow'st*. So gut wie alle Kommentatoren verstehen *untrimmed* als *deprived of the trimmings*, d.h. ‚des Schmuckes beraubt‘. Sie lesen also die Zeilen 7 und 8 so:

And every fair from fair sometime declines,
untrimmed by chance or nature's changing course.

In Verbindung mit *course* könnte man aber auch an das Trimmen eines Schiffskurses denken. Dann wäre *untrimmed* als ‚ungetrimmt' zu verstehen und die beiden Zeilen wären so zu lesen:

And every fair from fair sometime declines
by chance or the untrimmed course of changing nature.

Falls Shakespeare dies im Sinn hatte, könnte er mit dem Wort *declines* auf den in der Seefahrt üblichen Begriff für Kursabweichung angespielt haben. Das wiederum ließe beim ersten *fair* an *fare* (‚Fahrt') und beim zweiten an *phare* (‚Leuchtturm') denken. Hinter der vordergründigen Bedeutung würde dann die unterschwellige Bedeutung mitschwingen:

Jede Schiffsreise weicht irgendwann vom Leuchtturm ab,
wie's Zufall oder der ungetrimmte Kurs der Natur
bewirken.

Wäre dies tatsächlich das, was Shakespeare dem Sonett als doppelten Boden eingezogen hat, dann könnte man auch das *fair* in Zeile 10 als *fare* lesen, diesmal mit der Bedeutung ‚Fahrpreis', den der Tote dem Fährmann Charon schuldet. Folglich wäre *ow'st* wörtlich zu verstehen und brauchte nicht, wie es allgemein üblich ist, als Variante von *own'st* (= ‚du besitzt') erklärt zu werden, was allerdings damaligem Sprachgebrauch durchaus entspricht. Die hier vorgestellte Lesart ist bisher, mit Ausnahme des *fair* in Zeile 10, nach Wissen des Verfassers noch von keinem Kritiker vorgeschlagen worden. Offenbar ist sie so weithergeholt, dass sich noch niemand damit anfreunden konnte. Doch würde sie dem ansonsten sehr unelisabethanischen Sonett eben jene Finesse geben, die die übrigen Sonette auszeichnet. Shakespeare liebte es, in seinen *conceits* Bilder aus sehr entlegenen und oft ausgesprochen unpoetischen Realitätsbereichen zu verwenden, so vor allem aus der Juristen- und Kaufmannssprache, aber auch aus der nautischen Terminologie.

Shakespeares dramatische Kunst

Shakespeares Stücke folgen der aristotelischen Dramaturgie, d. h. sie bringen den Zuschauer dazu, durch Identifikation mit den Figuren psychische Spannung aufzubauen, die nach einem Wendepunkt wieder gelöst wird, worauf ein Gefühl lustvoller Befriedigung zurückbleibt. Elemente des epischen Theaters, wie es Brecht dem aristotelischen entgegenstellte, spielen bei ihm kaum eine Rolle. Mit epischen Mitteln arbeiteten in damaliger Zeit nur die bei Hofe beliebten Maskenspiele. Deren Dramaturgie des visuellen Zeigens benutzt Shakespeare gelegentlich, wenn er – wie in *Wie es euch gefällt* und *Der Sturm* – die Problemlösung der Haupthandlung auf bildhaft-allegorische Weise kommentieren will. Dann lässt er mythologische Figuren auftreten, die den festlichen Abschluss der Komödie mit einer opernhaften Zeremonie tableauhaft vorbereiten oder begleiten. Während episches Theater auf Wahrnehmung, Erkenntnis und Einsicht abzielt, will das aristotelische zuerst und vor allem ein Erlebnis bewirken. Dafür ist Spannung das entscheidende und unverzichtbare Mittel. Dramatische Spannung wirkt in zwei Dimensionen. Längs der Zeitachse tritt sie als Longitudinalspannung auf, die den Zuschauer in jeder Szene darauf gespannt sein lässt, wie es wohl weitergehen wird. Die psychischen Affekte, die dabei mobilisiert werden, sind Erregung, Neugier, Furcht und Hoffnung. Quer zur Zeitachse wirkt die Transversalspannung, die sich aus einem Antagonismus ergibt, sei es aus der Konfrontation eines Spielers mit einem Gegenspieler oder aus einem Konflikt zwischen zwei unvereinbaren Wertpositionen. Jedes Problem, das als solches erkannt wird, löst im Erkennenden Transversalspannung aus. Insofern ist deren Vorhandensein ein Zeichen für Problemhaltigkeit und damit für Qualität. Ein gänzlich problemloses Stück, das nur Longitudinalspannung aufweist, ist trivial.

Ein der aristotelischen Dramaturgie folgendes Stück beginnt

in klassischer Ausprägung mit einer Exposition, in der die Hauptfiguren vorgestellt, ihre Beziehung zueinander aufgezeigt und der Anlass für die sich anschließende Handlung mitgeteilt wird. Letzteres baut Longitudinalspannung auf, während sich aus der Beziehung der Hauptfiguren zueinander die Transversalspannung entfaltet. Auf die Exposition folgt die steigende Handlung, die durch retardierende Momente verzögert werden kann, aber dennoch unaufhaltsam auf einen Höhepunkt zuläuft, an dem das Befürchtete bzw. Erhoffte eintritt oder die Transversalspannung des Problems zur Krise gebracht wird. Der Höhepunkt ist zugleich ein Wendepunkt, an dem die steigende Handlung in die fallende übergeht, die durch ein Moment der letzten Spannung – in der Tragödie eine letzte aufflackernde Hoffnung, in der Komödie eine letzte Bedrohung – verzögert werden kann, danach aber auf die nun unvermeidliche Katastrophe bzw. auf die erwartete und nicht mehr fragliche Auflösung des Handlungsknotens, das Dénouement, zuläuft.

Aus dieser Abfolge von Exposition, steigender Handlung, Wendepunkt, fallender Handlung und Katastrophe bzw. Dénouement ergibt sich fast naturnotwendig das klassische Fünf-Akt-Schema, das den meisten Dramen mit aristotelischer Dramaturgie zugrunde liegt. In der Form des von Ibsen kreierten analytischen Dramas konnte daraus allerdings ein Vier-Akt- oder Drei-Akt-Schema werden, da hier die Aufdeckung dessen, was sonst am Anfang vermittelt wird, im Zentrum der Handlung steht, so dass die Exposition entfällt. Wenn dann die Aufdeckung des Verborgenen mit dessen Bewältigung zusammenfällt, erübrigt sich auch die Schlussphase des klassischen Schemas, so dass nur noch ein dreiteiliges Schema übrig bleibt. Bei Shakespeare gibt es nur im *Hamlet* einen regressiv-analytischen Handlungsteil, und zwar die Aufdeckung des schon vor Beginn des Stückes geschehenen Mordes an Hamlets Vater. Wegen des dadurch bedingten Zusammenfalls von Exposition und steigender Handlung hätten schon vier Akte für die volle Entfaltung des dramatischen Potentials gereicht. Deshalb musste Shakespeare im vierten Akt ein dramaturgisches Vakuum größtenteils mit einer Nebenhandlung, dem Wahnsinn Ophelias, füllen.

Alle übrigen Stücke haben einen linear-progressiven Handlungsverlauf und erfüllen das Fünf-Akt-Schema. Am vollkommensten tut dies Othello. Hier ist die Longitudinalspannung, die auf den Mord aus Eifersucht hinführt, und die zwischen Othello und Jago bestehende Transversalspannung so sehr im Gleichgewicht, dass die Spannung von Akt zu Akt ansteigt und erst am Schluss den höchsten Punkt erreicht. In Macbeth dagegen wird der erste Höhepunkt bereits mit dem Mord an Duncan im zweiten Akt erreicht. Ein Königsmord war aus elisabethanischer Sicht das äußerste an Verbrechen, über das hinaus keine weitere Spannungssteigerung mehr möglich gewesen wäre. Deshalb lässt Shakespeare unmittelbar nach der Tat den betrunkenen Torwächter auftreten. Durch die makabre Komik der Szene wird die Spannung des ersten Bogens aufgelöst, so dass das Stück zu einem neuen Bogen ansetzen kann, der mit dem Mord an Banquo beginnt und sich über weitere Gräueltaten bis zur endgültigen Katastrophe steigert. In *König Lear* sah sich Shakespeare vor dem Problem, dass der Sturz seines Helden bereits mit dessen Abdankung in der allerersten Szene einsetzt. Da er die Fallhöhe Lears nicht mehr nach oben vergrößern konnte, musste er dies durch Vertiefung des Abgrunds erreichen, der sich vor dem Helden auftut. Auch hier spielt *comic relief* eine entscheidende Rolle, wenngleich das Wort ‚komisch‘ kaum angemessen erscheint. Die Szenen zwischen Lear und seinem Narren haben aber die gleiche Funktion wie die Porter-Szene in *Macbeth*. In *Lear* erscheint die ganze menschliche Welt als ein Abgrund, in den der Held stürzt. Dies wird auf symbolische und zugleich makabre Weise in der Parallelhandlung um Gloucester und seine beiden Söhne zum Ausdruck gebracht. Als der geblendete Gloucester seinen unerkannten Sohn Edgar bittet, ihn an die Klippen von Dover zu führen, damit er durch einen Sprung seinem Leben ein Ende machen kann, lässt Edgar ihn auf ebener Erde springen, worauf Gloucester glaubt, im Jenseits gelandet zu sein.

Comic relief ist im elisabethanischen Drama ein wichtiges Mittel, um immer dann den Aufbau eines neuen Handlungsbogens zu ermöglichen, wo die Spannung einen nicht mehr steigerungsfähigen Punkt erreicht hat. Anders als im antiken Drama, wo der erhabene Sprechduktus und das heroisch-mythische Geschehen bis hin zur Katastrophe einen Zustand von Dauerspannung bewirkte, musste das viel realistischere elisabethanische Drama Erhabenheit durch den Reiz des Sensationellen ersetzen. Dieser hält aber nur so lange an, wie sich die Sensation steigert. Sobald sie sich auf gleich bleibendem Niveau hält, wird dies vom Zuschauer als ein Nachlassen der Spannung empfunden. Um dies zu verhindern, gibt es neben dem *comic relief* noch andere Kunstgriffe. Der wichtigste darunter ist die Verwendung von Prosaszenen, die das Hochplateau der Verssprache mit Szenen auf ebener Erde kontrastieren. Das ermöglicht ähnliche Spannungsauflösungen wie das *comic relief*.

Neben solchen grundsätzlichen dramaturgischen Kunstgriffen finden sich in Shakespeares Stücken auch solche, die einfach nur Mode waren. Dazu gehören Geistererscheinungen, Bankettszenen, Auftritte von Wahnsinnigen oder Melancholikern und das Spiel im Spiel. Man sollte sich Shakespeare nicht als feinsinnigen Verfasser subtiler Kunstprodukte, sondern zuerst einmal als einen gewieften Theaterpraktiker vorstellen, der alles, was sich auf der Bühne als wirksam erwies, auch einsetzte. Dabei war ihm wie allen seinen Zeitgenossen die Originalität der Kunstgriffe weitgehend gleichgültig. Das Urheberrecht wurde allenfalls für ganze Stücke respektiert, und auch da nur sehr eingeschränkt. Stoffe, Motive und Kunstgriffe waren dagegen Freiwild für jedermann.

Da die Bühne der Shakespearezeit keine Kulissen kannte, musste alles, was nicht real gezeigt werden konnte, durch Worte beschworen werden. Der englische Regisseur Peter Hall bezeichnete Shakespeares Stücke deshalb einmal als *fully verbalised*. Durch die vollständige Verbalisierung erfährt der Zuschauer mehr über die Motive, Ansichten und Wertbegriffe der Charaktere als im realistischen Illusionstheater, das die

Innenwelt der Figuren überwiegend indirekt durch Handlung und Milieu sichtbar macht. Dabei ist Sprache nicht nur das Medium, das alle für den Zuschauer wichtige Information transportiert, sie ist zugleich das Material, das in eine künstlerische Form gebracht wird. Dichterische Sprache unterscheidet sich von der alltäglichen durch bewusstes Anderssein. Dabei kann die Abweichung nach zwei Seiten hin erfolgen, die sich mit den Begriffen Lakonie und Emphase bezeichnen lassen. Lakonische Verknappung, wie sie seit Brecht im modernen Drama üblich ist, findet sich bei Shakespeare so gut wie nirgends. Bei ihm – wie bei allen seinen Zeitgenossen – besteht das Anderssein der Dichtersprache im Wesentlichen aus den beiden ältesten Formen poetischer Ausdrucksweise, aus der Hyperbel (= Übertreibung) und der Metapher (= Übertragung). Übersteigerung ist für das elisabethanische Drama in jeder Hinsicht charakteristisch. Auf der Handlungsebene drückt sie sich in sensationellen Exzessen aus, auf der Sprachebene in wortreicher Emphase. Wenn z.B. Hamlet am Grabe Ophelias mit deren Bruder Laertes in Streit gerät, war es für die Elisabethaner selbstverständlich, dass er seine Liebe zu der Toten mit äußerster Emphase ausdrückte, während das heutige Publikum Übertreibungen wie die folgende als hart an der Grenze zum Lächerlichen empfindet.

> Ich liebte sie. Nicht vierzigtausend Brüder
> Erreichten mit der Summe ihrer Liebe
> Mein volles Maß. Was tätest du für sie?
> ...
> Weinst du um sie, kämpfst, fastest und zerreißt dich?
> Trinkst Essig du, verspeist ein Krokodil?
> Ich tu's. Kommst du nur her, um hier zu winseln?
> ...
> Wenn du von Bergen schwatzt, lass sie sich türmen
> Millionenfach auf uns, bis über uns
> Der Berg sich an der Sonne sengt und Ossa
> Daneben einer Warze gleicht. (*Hamlet*, V, 1; 254–268)

Während der direkten Übertreibung Grenzen gesetzt sind, bietet die metaphorische Übertragung vermittels einer Analogie schier unbegrenzte Steigerungsmöglichkeiten wie z.B. das Bild des bis zur Sonne aufgetürmten Berges als Gleichnis einer unermesslichen Liebe.

Wenn heute selbst literaturwissenschaftlich geschulte Muttersprachler Schwierigkeiten haben, der elaborierten Rhetorik zu folgen, ist es kaum begreiflich, dass damals einfache Handwerksburschen solche Wortkaskaden verstanden haben sollen. Sicher werden nur wenige die rhetorische Kunst in ihrem vollen Umfang zu schätzen gewusst haben, doch ist sehr wahrscheinlich, dass sie für komplexe Sprache aufnahmefähiger waren als heutige Menschen. Da viele von ihnen Analphabeten waren und auch die Lesefähigen nur wenig Zugang zu Gedrucktem hatten, waren sie ganz auf die Wahrnehmung gesprochener Sprache eingestellt und darin geübt. Zudem waren sie zu allwöchentlichem Kirchgang verpflichtet, wo sie zumindest in London der elaborierten Rhetorik ehrgeiziger Prediger ausgesetzt waren. Im übrigen mussten die elisabethanischen Dramatiker sehr unterschiedliche Geschmackserwartungen befriedigen. Die Oberschicht wollte in ihrem elitären Bildungsbewusstsein bestätigt werden, während die Unterschicht spannende Unterhaltung erwartete. Deshalb boten sie Ersteren die mit Bildungsgut befrachtete Rhetorik und Letzteren die spannende Aktion auf der Bühne.

Da alles durch Sprache vergegenwärtigt werden musste, waren die beiden dramaturgischen Hauptelemente der Monolog und der Dialog. Während es bei Ersterem wenig Variationsmöglichkeiten gab, entfaltet Shakespeare bei Letzterem eine breite Skala, die vom Streitgespräch mit offenem Visier über das heimtückisch lauernde Gespräch zwischen Othello und Jago bis hin zum komisch-virtuosen Wortduell zwischen Beatrice und Benedick in *Viel Lärm um nichts* reichte. Das rhetorische Kreuzen der Klingen zwischen zwei wortgewandten Bühnenfiguren muss für die Elisabethaner einer der stärksten Reize des Theaters gewesen sein. An nichtsprachlichen dramaturgischen Mitteln gab es nur einige wenige Requisiten, die der symbolischen Unterstützung zentraler Themen dienten. Das waren vor allem der Königsthron und die Krone, aber auch prunkvolle Kostüme, die den Status einer Figur repräsentierten. Auf Kenner muss aber die Sprache Shakespeares noch prunkvoller gewirkt haben als alle Kostüme. In diesem Punkt kam ihm nur Marlowe gleich, dem jedoch der Humor und die subtile Kunst der sprachlichen Psychologisierung fehlt, die den Größten des elisabethanischen Dramas auszeichnet.

Die Historien

Shakespeare begann seine Karriere vermutlich mit dem ersten Teil von *Heinrich VI.*, der offenbar so erfolgreich war, dass es sich lohnte, ihm noch zwei Teile folgen zu lassen. Damit bediente er einen Publikumsgeschmack, der in den 80er Jahren zum Aufkommen einer neuen dramatischen Form, des Historienstückes, geführt hatte. Das früheste erhaltene Beispiel der Gattung, das Stück *Kynge Johan* von John Bale, entstand zwar bereits vor 1536, doch erst in den 80er Jahren eroberten sich Historienstücke die Londoner Bühnen. Zu den ersten zählen die anonymen Stücke *The Famous Victories of Henry V* und *The Troublesome Reign of John, King of England* (beide vermutlich 1588). Für das neu aufkommende Interesse an dramatischen Stoffen aus der englischen Geschichte dürfte neben dem Patriotismus, der durch die englische Rivalität mit Spanien angefacht wurde, vor allem das Problem der Nachfolge Elisabeths verantwortlich gewesen sein. So sehr der Sieg über die spanische Armada 1588 die Engländer einerseits mit Stolz erfüllte, so sehr beunruhigte sie andererseits die Tatsache, dass Elisabeth keinen leiblichen Erben hatte. Welche Gefahren von einer ungewissen Thronfolge ausgingen, wusste man nur zu gut, waren doch anfangs die Thronansprüche der Königin selber höchst umstritten gewesen. So verwundert es nicht, dass das Publikum, das keine anderen Medien für zeitgeschichtliche Information zur Verfügung hatte, begierig auf die nationalgeschichtlichen Lehrstücke im Theater war.

Shakespeares Historien vermitteln den Eindruck, als wollte er dieses Informationsbedürfnis auf eine geradezu systematische Weise befriedigen. Er begann mit Heinrich VI., der als kaum Einjähriger auf den Thron gesetzt wurde, was das Land in ein lang anhaltendes Chaos stürzte. Bedenkt man, wie hartnäckig sich Shakespeare später mit dem Problem der Unordnung im Gemeinwesen auseinandersetzte, drängt sich der Eindruck auf, dass er den Stoff ganz bewusst wählte, um von dort aus die drei Fragen aufzuwerfen, die ihn in den Historien obsessiv beschäftigten. Sie lauten: Wie muss ein guter König beschaffen sein? Was macht seine Legitimität aus? Wann darf ein schlechter König gestürzt werden? In *Heinrich VI.* ballen sich die drei Fragen zu einem schwer zu entwirrenden Knäuel zusammen. Danach aber nimmt sich der Dichter die Fragen einzeln vor. In *Richard III.*, dessen Titelheld bereits als Duke of Gloucester in der vorausgegangenen Trilogie auftauchte, zeigt er einen Usurpator, der auf unrechtmäßige Weise auf den Thron kam und infolgedessen mit Recht gestürzt werden durfte. Der historische Richard war durchaus nicht der Schurke, als den ihn Shakespeare darstellt, sondern im Gegenteil ein fähiger Politiker, der sich als Regent des Nordens von England großer Beliebtheit beim Volke erfreute. Dass Shakespeare aus ihm den Erzbösewicht macht, rührt daher, dass er Quellen aus der Feder von Historikern benutzte, die alle im Dienst des so genannten *Tudor myth* standen. Da der Thronanspruch Henry Richmonds aus dem Hause Tudor, der Richard III. in der Schlacht von Bosworth 1485 besiegte, höchst fragwürdig war, mussten alle patriotischen oder auf königliche Protektion angewiesenen Historiker der Tudorzeit bestrebt sein, Richard als Schurken darzustellen, um so das Regiment der Tudors zu legitimieren. Das gilt auch für Shakespeares unmittelbare Stoffquellen, nämlich Holinsheds *Chronicles* und Edward Halls *The Union of the Two noble and Illustre Famelies of Lancastre and Yorke* (1548), die sich ihrerseits auf die erste englische Biographie Richards III. aus der Feder von Thomas Morus stützten.

Es wäre ungerecht, Shakespeare und die Verfasser seiner Quellen der bewussten Geschichtsfälschung zu zeihen; denn das Credo einer historisch exakten Geschichtsschreibung war seiner Zeit noch unbekannt. Das ganze Mittelalter hindurch bis in die Zeit des Barock wurde Geschichte als ein Buch betrachtet, das wie die Bibel heilsgeschichtlich auszulegen war. Selbst dem wahrheitsliebenden Thomas Morus ging es in erster Linie nicht um die historische, sondern um die moralische Wahrheit, die sich aus der Geschichte herauslesen ließ. Nicht anders war es bei Shakespeare. Auch er hat sich nicht als Propagandist in den Dienst der Tudormonarchie gestellt, vielmehr ging es ihm darum, eine politische Lehre zu vermitteln, nämlich die, dass zu einem guten König erstens Stärke, zweitens Legitimität und drittens moralische Integrität gehörten. Das erste besaß Richard in hohem Maße, die beiden anderen Bedingungen erfüllte er nicht. Deshalb war es in den Augen Shakespeares und der Elisabethaner legitim, ihn zu stürzen. Sein Nachfolger, Henry Richmond, erfüllte die erste und dritte Bedingung, die zweite dagegen nur zu einem kleinen Teil; denn er konnte seinen Thronanspruch nur mütterlicherseits auf John of Gaunt, einen Sohn Eduards III., zurückführen.

In *König Johann*, seinem vermutlich nächsten Historienstück, nimmt Shakespeare die Problemstellung von *Richard III.* auf und gibt ihr eine dramatisch zwar weniger wirksame, doch in der Problemstruktur subtilere Form. Auch Johanns Legitimität ist umstritten. Als der jüngste der drei Söhne Heinrichs II. wurde er von Richard Löwenherz, seinem ältesten Bruder, als Nachfolger vorgeschlagen. Doch eine starke Fraktion der Vasallen sah in Arthur, dem Sohn des mittleren Bruders, den legitimen Thronerben. Politisch-historisch stand Johann für die Elisabethaner in einem schillernden Licht. Negativ war an ihm seine Schwäche, die ihm den Beinamen ‚Ohneland‘ einbrachte. Positiv war, dass er Englands Interessen gegen den Papst verfocht. Das dritte mit seinem Namen verbundene Ereignis, die ihm von den Baronen abgetrotzte

Magna Carta, war positiv und negativ zugleich, weshalb Shakespeare es in seinem Stück mit keinem Wort erwähnt. Da es ihm um die Definition königlicher Autorität ging, kann er in dem Gründungsdokument des englischen Parlamentarismus eigentlich nur die Gefahr einer Schwächung der ordnungsstiftenden Zentralgewalt gesehen haben. Am Schluss des Stückes, als Johann von einem Mönch vergiftet worden ist und die Engländer auf ihre Insel zurückgedrängt sind, spricht Philip Faulconbridge, der als natürlicher Sohn und Ebenbild von Richard Löwenherz der Inbegriff des tatkräftigen, ehrlichen Engländers ist, eine Mahnung aus, die wie ein Programm für die späteren Historienstücke anmutet:

> Dies England lag niemals und wird nie liegen
> Zu Füßen eines stolzen Eindringlings,
> Es sei denn, dass es selbst sich niederschlägt.
> Da seine Prinzen nun zurückgekehrt,
> Mag gegen uns der Rest der Welt antreten;
> Wir fegen furchtlos jeden weg wie Spreu,
> Bleibt England nur fortan sich selber treu. (V, 7; 112–118)

Nach diesem Rückgriff auf das Hochmittelalter kehrte Shakespeare zur unmittelbaren Vorgeschichte der Rosenkriege zurück und begann mit *Richard II.* seine zweite Tetralogie. Im Zentrum des Stückes stehen der legitime, aber schwache König Richard und der kluge, tatkräftige Henry Bolingbroke, der zuletzt die Macht an sich reißt und als Heinrich IV. den englischen Thron besteigt. Shakespeares Zentralproblem erscheint hier in seiner komplexesten Form. Obwohl das Stück keinen Zweifel daran lässt, dass der schwache, launische und zu theatralischer Selbstdarstellung neigende König seinem Land schadet, wird er doch bis zuletzt als der gesalbte König gezeigt, den zu stürzen ein schwerer Verstoß gegen die göttliche Ordnung ist. Beseitigt wird Richard zwar nicht durch Heinrich selbst; doch dieser ist sich wohl bewusst, dass die Attentäter ihm einen unausgesprochenen Wunsch erfüllten. Er wird sie dafür bestrafen, was ihn selber aber nicht von der Gewissenslast befreit, die er für den Rest seines Lebens tragen muss.

Mit dem größten moralischen Gewicht ist in diesem Stück der alte John of Gaunt ausgestattet, der Vater Henry Bolingbrokes und Ahnherr der Tudors, der sterbend ein patriotisches Bild von England entwirft, das danach zu einem der meistzitierten Shakespearetexte wurde.

Konsequenterweise folgt als Nächstes in der Tetralogie das zweiteilige Stück *Heinrich IV.*, in dessen Verlauf gezeigt wird, wie Heinrich die durch Richards Schwäche erschütterte Ordnung im Land wiederherstellt. Eingebettet in den Handlungsverlauf ist die höchst eigentümliche Vorbereitung des Thronfolgers auf seine zukünftige Aufgabe; denn Prinz Hal, der spätere Heinrich V., scheint zunächst alles andere als ein viel versprechender Thronanwärter zu sein. Gemeinsam mit seinem Trinkkumpan Falstaff verkehrt er mit Gaunern und Huren, begeht sogar Straftaten und deckt die seiner Genossen. Kein Wunder, dass sein Vater sich um diesen Nachfolger Sorgen macht. Als der König am Schluss, von Gewissensbissen gequält, auf dem Sterbebett liegt und vom Prinzen schon für tot gehalten wird, setzt dieser sich die Krone auf, was den erwachenden König zu einer langen, vorwurfsvollen Mahnrede veranlasst. Doch als der Prinz dann tatsächlich den Thron besteigt, wandelt sich der Liederjan zur Verwunderung aller plötzlich in einen höchst verantwortungsvollen jungen Herrscher. Die ersten, die es zu spüren bekommen, sind seine einstigen Kumpanen, die er nun verstößt. Den modernen Leser mutet die Verstoßung Falstaffs undankbar und herzlos an. Doch für das elisabethanische Publikum entsprach sie dem, was man von einem König erwartete. Ein Herrscher hatte nach damaliger Auffassung zwei Körper, einen privaten aus Fleisch und Blut und einen öffentlichen, den *body politique*. Mit der Thronbesteigung schlüpft Prinz Hal aus seinem privaten in den öffentlichen Körper, was Shakespeare auf unterhaltsame Weise anschaulich macht.

Welch ein *model king* aus dem anfangs so zweifelhaften Prinzen hervorgehen sollte, zeigt das Stück, mit dem Shakespeare seine zweite Tetralogie abschließt. Dramaturgisch krankt *Heinrich V.* daran, dass der durch und durch positive

Titelheld keinen Gegenspieler hat und dass er sich im Handlungsverlauf nicht verändert. Aus diesem Grunde ist das Stück lange Zeit gering geschätzt worden. Doch immer dann, wenn sich England im Krieg befand und eine Stimulation des Nationalgefühls brauchte, besann man sich auf das Werk, so im Jahre 1944, als Sir Laurence Olivier es mit patriotischem Pathos verfilmte. Heinrich V. hat alles, was Shakespeare von einem idealen König erwartete. Er hat Autorität, ohne autoritär zu sein. Er besitzt männlichen Charme ohne die Eitelkeit seiner geschniegelten französischen Gegner. Er spricht mit seinen Soldaten, ohne sich mit ihnen gemein zu machen. Kurzum, er ist die frühe Ausprägung eines englischen Gentleman, der Haltung bewahrt, ohne überheblich zu sein, und der seine Leistungsfähigkeit vor allem durch Leidensfähigkeit beweist. Dabei stellt Shakespeare ihn keineswegs als moralischen Puritaner dar, sondern gibt ihm eine emotionale Härte, die den modernen Leser irritiert. Als sich das Kriegsglück während der großen Schlacht von Agincourt, die die Engländer schon gewonnen glaubten, plötzlich zu wenden scheint, gibt er beispielsweise Befehl, alle Gefangenen zu töten, was auch nach damaliger Auffassung rechtswidrig war. Bis heute tut sich die Shakespearekritik schwer damit, diesen Makel auf dem Schild des *model king* wegzuerklären. Es scheint fast so, als wollte Shakespeare bewusst vermeiden, seinen Helden allzu ideal erscheinen zu lassen.

Insgesamt zeichnet sich in den Historien das gleiche konservativ-paternalistische Wertesystem ab, das auch den Komödien und Tragödien zugrunde liegt. Das gilt ebenso für das letzte Historienstück *Heinrich VIII.*, das Shakespeare, vermutlich in Zusammenarbeit mit John Fletcher, im Jahre 1612 oder 1613 schrieb, nachdem er sich schon vom Theater zurückgezogen hatte. Das eher tableauhafte als dramatische Stück wurde möglicherweise als Festspiel zur Hochzeit Prinzessin Elisabeths, der Tochter Jakobs I., mit dem Kurfürsten Friedrich von der Pfalz geschrieben. In die Theatergeschichte ging es vor allem dadurch ein, dass bei seiner Aufführung am 29. Juni 1613 das *Globe*-Theater bis auf die Grundmauern abbrannte. Das Stück steht den späten Romanzen näher als den früheren Historien. Die Shakespeareforschung hat sich vor allem darauf konzentriert, mit stilkritischen Mitteln den Anteil des Dichter von dem seines Mitarbeiters zu trennen. Dem Leser werden aber wohl nur die Worte im Gedächtnis bleiben, die Erzbischof Cranmer am Schluss aus Anlass der Geburt von Prinzessin Elisabeth, der späteren Königin, spricht. In weihevollem Ton verkündet er dort die Vision eines goldenen Zeitalters, das die Königin herbeiführen wird. Dass in der Rede auch von ihrem Nachfolger die Rede ist, stützt die Vermutung, dass das Stück zu Ehren von Jakobs Tochter gleichen Namens geschrieben wurde.

Die Komödien

Die elisabethanische Komödie hat zwei Wurzeln. Die eine geht auf Plautus und Terenz zurück, deren Komödien im Lateinunterricht der Grammatikschulen und an den Universitäten gelesen und zu Lernzwecken aufgeführt wurden. Ihre Kenntnis und der an ihnen orientierte Geschmack blieb darum auf solche Schichten beschränkt, die Zugang zu den Bildungseinrichtungen hatten. Die andere Wurzel ist das heimische Interlude, das aus den Pausenfüllern bei Aufführungen der Mysterienspiele hervorging und im frühen 16. Jahrhundert durch John Heywood zu einer selbständigen Form weiterentwickelt wurde. Die Interludes sprachen auch die unteren Schichten an, da sie auf Jahrmärkten und in Gasthöfen für das breite Publikum kommerziell aufgeführt wurden. Noch weiter zurück als die theatralischen Wurzeln gehen die anthropologischen, die in den beiden Grundformen des Lachens liegen, dem gutmütigen Lachen *mit* dem Spaßmacher und dem schadenfrohen *über* den Verspotteten. Aus ihnen haben sich schon früh zwei archetypische Clownsfiguren entwickelt, der weise Narr und der dumme Tölpel, denen die beiden Grundformen der elisabethanischen Komödie entsprechen: die romantisch-pastorale, die Shakespeare bevorzugte, und die satirisch-realistische, wie sie Ben Jonson pflegte.

Shakespeares vermutlich frühestes Werk der Gattung, *Die Komödie der Irrungen*, hat ihren Hauptplot bezeichnenderweise von Plautus, nämlich aus dessen *Menaechmi* mit weiteren Entlehnungen aus *Amphitruo*. Es ist eine klassische Verwechslungskomödie, in der gleich zwei identische Zwillingspaare Verwirrung stiften. Für subtile Charakterkomik ist in einer solchen Konstellation kein Platz. Statt dessen neigt das Stück eher zum Farcenhaften, zeigt aber trotzdem bereits den Sprachwitz des großen Dichters, so dass sich das Stück bis heute auf den Spielplänen halten konnte. Obwohl es vordergründig von Slapstick-Komik geprägt ist, verbirgt sich unter seiner Oberfläche mehr Tiefsinn, als der Leser oder Zuschauer vermuten wird. So hat Shakespeare beispielsweise den Schauplatz, der bei Plautus Epidamnum heißt, nach Ephesus verlegt, was für die Bibelkundigen im Publikum ein Hinweis auf den Paulusbrief an die Epheser war. Darin predigt Paulus eben jenes Eheverständnis, auf das in der Komödie in witzig-moralisierender Form Bezug genommen wird, als sich Ehefrauen und Ehemänner ahnungslos dem jeweiligen Zwilling ihres Partners aufdrängen. Die humanistisch Gebildeten wurden zudem an die Witwe von Ephesus aus der Erzählung des Petronius erinnert, die sprichwörtlich für die Verführbarkeit der Frauen stand.

Weit weniger Erfolg auf der Bühne hatte Shakespeares zweite Komödie, *Die beiden Veroneser*. Es ist sein erster Versuch auf dem Felde der höfisch-romantischen Komödie, die seine Hauptform werden sollte. In dem Handlungsgeflecht um zwei Liebespaare geht es lehrstückhaft um das Verhältnis von Freundschaft und Liebe, wobei schon die Namen auf den didaktischen Gehalt verweisen; denn der Mann, der nur seinem Liebestrieb folgt, heißt bezeichnenderweise Proteus, „der Unbeständige", während sein beständiger Freund Valentine durch seinen Namen als „der Getreue" ausgewiesen ist. Die Komödie enthält zahlreiche Elemente, die später zum Standardrepertoire von Shakespeares Komödien gehören, so die

Verkleidung von Frauen als Männer, das Motiv der dem Geliebten unterwürfig folgenden Frau, die Flucht in pastorale Natur, elaborierte Wortgefechte sowie Szenen von Reue und Vergebung. Doch dies alles ist hier noch nicht so überzeugend ineinander verwoben wie in den reifen Komödien.

Shakespeares dritte Komödie – die ebenso gut seine erste oder zweite gewesen sein könnte – heißt *Der widerspenstigen Zähmung* und handelt von der Bändigung einer kratzbürstigen Frau durch einen überlegenen Mann. Auch hier dominieren die farcenhaften Elemente. Allerdings ist am Ende schwer zu entscheiden, ob die Unterwerfung Katharinas unter ihren Ehemann Petruccio tatsächlich das Ergebnis einer gelungenen „Zähmung" ist oder ob Katharina nicht vielmehr nur gelernt hat, auf schlauere Weise ihren Willen durchzusetzen. Als zuletzt die beiden frisch verheirateten Ehemänner einer Wette wegen vorführen wollen, wie gehorsam ihre Ehefrauen sind, folgt Katharina dem ihren wie ein dressiertes Hündchen, während ihre einst so brave Schwester Bianca sich auf einmal als die Widerspenstige entpuppt. Über den Schluss der Komödie sind die Meinungen bis heute geteilt. Während die einen darin den Ausdruck der im elisabethanischen Zeitalter vorherrschenden Geringschätzung der Frau sehen, meinen die anderen, dass Katharinas Unterwerfung nur ein kluges Sich-Fügen sei, hinter dem sich eine durchaus emanzipierte Frau verbirgt. Die leise Ironie, die in ihrem Bekenntnis zur weiblichen Unterordnung mitschwingt, deutet eher in die Richtung der zweiten Auffassung.

Die nächste Komödie, *Vergebne Liebesmüh*, ist Shakespeares literarischste. Hier bedient er sich imitierend und parodierend jenes elaborierten Redestils, den sein Zeitgenosse John Lyly durch seinen Roman *Euphues* (1578) popularisiert hatte, weshalb man ihn als Euphuismus bezeichnet. Unter allen Komödien des Dichters hat diese die magerste Handlung. Ein Fürst und seine drei Höflinge beschließen, sich drei Jahre lang von Frauen fernzuhalten, um sich der Philosophie zu widmen. Doch als gleich darauf die Prinzessin von Frankreich mit drei Edelfräulein eintrifft, sind alle guten Vorsätze dahin.

Die Handlung besteht fast nur aus Wortgefechten, in deren Verlauf die Front der Männer aufweicht. Doch das erwartete Happy End einer vierfachen Hochzeit tritt nicht ein, sondern wird um ein Jahr hinausgeschoben, damit alle noch einmal die Beständigkeit ihrer Gefühle prüfen können. Wenn das Grundmodell aller Shakespeare-Stücke darin besteht, dass eine Störung der Ordnung krisenhaft zugespitzt und in die wiederhergestellte Ordnung überführt wird, dann liegt hier eine Komödie vor, in der die Störung rein sprachlicher Natur ist. Die Männer verweigern die Kommunikation mit den Frauen, was im Verlauf des Stückes zu immer neuen Missverständnissen führt, bis diese zuletzt aufgelöst werden und in gegenseitige Verständigung übergehen.

Voll ausgereift ist Shakespeares Komödienform zum ersten Mal in *Ein Sommernachtstraum*. Wie später in den Tragödien, so geht es von nun an auch in den Komödien um den Widerstreit von Vernunft und Leidenschaft. Im genannten Stück wird dies auf fünf Ebenen vorgeführt. Auf der höchsten repräsentiert das Herrscherpaar Theseus und Hippolyta durch ihre Eheschließung die Unterwerfung der Leidenschaft unter das Gesetz der Vernunft. Auf der Ebene darunter taumeln die beiden Paare Lysander/Hermia und Demetrius/Helena durch den Irrgarten der Leidenschaft, in dem zuerst beide Frauen den gleichen Mann und später, unter dem Einfluss von Pucks Zauberdroge, beide Männer die gleiche Frau lieben. Erst nach der Aufklärung aller Verwirrungen finden die Partner zueinander. Auf der dritten Ebene folgt der Streit zwischen Oberon und Titania, dem König und der Königin des Feenreichs und damit der Natur. Der Anlass ist ein mysteriöser „indischer Knabe", dem die Sekundärliteratur bisher erstaunlich wenig Beachtung geschenkt hat. Strukturell erinnert er an den antiken Mythos von der Geburt des Dionysos, den Zeus mit Semele zeugte, worauf die eifersüchtige Hera durch eine List eine Frühgeburt provozierte; doch Zeus rettete den Knaben und nahm ihn in seine Obhut. Da der Zug des Dionysos nach Indien ein beliebtes Motiv bei Malern der Renaissance war, könnte der *Indian boy* durchaus eine Anspielung darauf sein.

Am Ende des Stückes tritt Titania den Knaben an Oberon ab, was im thematischen Bezugssystem des Stückes die Wiederherstellung der Ordnung durch die Unterwerfung der Frau unter den Mann und der sinnlichen (indischen) unter die rationale Sphäre bedeutet. Dass am Schluss des Stückes aus Anlass der Hochzeitsfeier explizit ein dem Bacchus gewidmetes Theaterstück erwähnt wird, macht eine Anspielung auf Dionysos noch wahrscheinlicher. Eingebettet in die Naturwelt ist auf einer vierten Ebene das Spiel der Handwerker, die weder Vernunft noch Leidenschaft haben. Sie wiederum spielen auf der fünften Ebene das Stück *Pyramus und Thisbe*, das edle Liebesleidenschaft in klassisch-tragischer Form andeutet und zugleich persifliert. Das Stück entwickelt diese fünfstimmige Partitur mit so unvergleichlicher Poesie, dass es zum Inbegriff von Shakespeares romantischer Komödienform wurde.

Während im *Sommernachtstraum* das Bedrohliche der Leidenschaft von vornherein durch das Märchenhafte der Feenwelt entschärft ist, wird es in den nachfolgenden Komödien bis hart an die Grenze des Tragischen geführt. So scheint im *Kaufmann von Venedig* die Lage für Antonio, der für seinen Freund ein Pfund seines Fleisches an den Juden Shylock verpfändet hat, aussichtslos, wenngleich die vorangegangene Handlung mit der Werbung um Portias Hand und der damit verbundenen Kästchenwahl den Zuschauer bereits auf eine komische Lösung eingestimmt hat. Als dann Portia in der Verkleidung eines Advokaten den Knoten löst, indem sie Shylock zwar das Pfund Fleisch zuspricht, ihn aber mit härtester Strafe bedroht, wenn er dabei auch nur einen einzigen Tropfen Blut vergießt, verlagert sich für den modernen Zuschauer das tragische Gewicht von Antonio auf Shylock, für den mit gleichem Recht wie später für König Lear das *more sinned against than sinning* gelten kann. Shylock ist eine der Figuren im Werk Shakespeares, die den Leser an der Gerechtigkeit ihres Schöpfers zweifeln lassen. Gewiss muss seine unversöhnliche Rachsucht gebrochen werden, doch dass er, der sein Leben lang Erniedrigung dulden musste, zuletzt vollkommen enteignet und rechtlos ist, während der Glücksritter Bassanio für sein leichtfertiges Schuldenmachen mit der Hand Portias belohnt wird, ist für den modernen Zuschauer schwer zu ertragen. Es scheint fast so, als habe Shakespeare nur die Karikatur eines Wucherers schaffen wollen, die ihm unversehens unter den Händen zu tragischer Größe geriet. Innerhalb seines Normensystems sind die Gewichte dennoch angemessen verteilt. Wenn Vernunft *ratio* und damit ‚Angemessenheit' bedeutet, dann stehen Portia und selbst die leichtlebigen Herren ihres Freundeskreises für vernünftiges Sich-Anpassen, während Shylocks kompromisslose Verweigerung der Anpassung einem leidenschaftlichen Hass entspringt, der aus der Leber stammt und damit unvernünftig, also verwerflich, ist. Als Symbol der harmonischen Anpassung erscheint am Schluss des Stücks die Musik, für die Shylock unempfänglich ist.

Auch *Viel Lärm um Nichts* streift das Tragische. Wie später in *Othello* wird hier gezeigt, wie auf einen bloßen Verdacht hin heftige Liebe in hasserfüllte Eifersucht umschlägt. Der Agent des Bösen ist auch hier eine Jago-Gestalt, die aus Neid die Glücklichen ins Unglück stürzt. Es ist der außereheliche Bruder des Prinzen, der Bastard Don John. Zwar wird der Zuschauer lange vorher auf die komische Lösung eingestimmt, doch lässt der wilde Hass, mit dem Claudio seine eben noch angebetete Hero überschüttet, den Boden der Komödie von Grund auf erbeben. Ein solches Beben steht auch am Anfang von *Wie es euch gefällt*. Ging es im zuvor betrachteten Stück um die Leidenschaft Othellos, so handelt es sich hier um die des Macbeth; denn das Stück beginnt damit, dass ein ehrgeiziger Prinz, der seinen älteren Bruder vom Thron gestoßen hat, nun auch dessen letzte Anhänger verfolgt und ins Exil treibt. Ab dem zweiten Akt geht die Handlung von der korrupten Welt des Hofes in die paradiesische Sphäre der pastoralen Natur über, die in der moralischen Entwicklung des Stückes wie ein Läuterungsbad fungiert. Während in Macbeth erst die Vernichtung des Störers die Ordnung wiederherstellen kann, erfolgt dies in der Komödie durch eine Art Wunder.

Der böse Prinz, der seine Opfer bis in deren arkadische Zuflucht verfolgt, begegnet dort einem Einsiedler, der ihn bekehrt, worauf er beschließt, den Rest seines Lebens ebenfalls als Einsiedler zu verbringen. Danach treten alle zuvor Entrechteten in ihre alten Rechte ein, und die Ordnung ist wiederhergestellt. Von subtiler Symbolik ist dabei die Stelle, wo Orlando seinem bösen Bruder Oliver das Leben rettet; denn als dieser schlafend im Wald lag, wurde er zuerst von einer Schlange und dann von einer Löwin bedroht. Die Schlange – Symbol der niederen, aus der Leber kommenden Triebe – flieht beim Anblick Orlandos, während die Löwin, die für die edleren Leidenschaften steht, wartet, bis der Schlafende erwacht, dann aber von Orlando in fairem Kampf besiegt wird. Danach kommt es auf der Ebene der Vernunft zur Versöhnung zwischen den Brüdern.

Shakespeares beliebteste und vielleicht auch beste Komödie ist *Was ihr wollt*. In ihr laufen viele Fäden aus den früheren Komödien zusammen. Wie in der *Komödie der Irrungen* treten Zwillinge auf, die trotz unterschiedlichen Geschlechts einander zum Verwechseln ähnlich sehen. Wie im *Sommernachtstraum* geht es um Liebeswahn, der auf mehreren Ebenen vorgeführt wird. Auf der höchsten wirbt Fürst Orsino um Olivia. Auf der Ebene darunter kommt es zu einem Taumel durch den Irrgarten der Gefühle, als Olivia sich in den Liebesboten Orsinos, die als Mann verkleidete Viola, und diese sich in ihren Auftraggeber verliebt. Auf der nächstniedrigeren Ebene wirbt Ritter Bleichenwang (Sir Andrew Aguecheek) um Olivia, und auf der untersten machen die komischen Figuren um Sir Toby Belch den sauertöpfischen Malvolio glauben, dass sich Olivia in ihn verliebt habe. Anders als Shylock bleibt Malvolio bis zuletzt Zielscheibe des Spotts. Ob Shakespeare in ihm die Puritaner treffen wollte, wie eine beiläufige Erwähnung des Wortes *puritan* anzudeuten scheint, oder ob er nur ganz allgemein ein starres, humorloses Verhalten lächerlich machen wollte, ist schwer zu entscheiden. In puncto Humorlosigkeit ist Malvolio jedenfalls ein Bruder Shylocks.

Von ganz anderer Art als die fünf zuletzt betrachteten Komödien, die als die „festlichen" bezeichnet werden, ist diejenige, die Shakespeares berühmteste komische Figur enthält und infolgedessen zu seinen bekanntesten zählt, wenngleich sie seltener als Sprechstück denn als Oper aufgeführt wird. Die Rede ist von *Die lustigen Weiber von Windsor*, die Otto Nicolai unter gleichem Titel vertonte und aus deren Stoff Verdi seinen *Falstaff* schuf. Verdis Titelheld, den Shakespeare zum ersten Mal in *Heinrich IV.* auftreten und dann in *Heinrich V.* sterben lässt, hatte es dem elisabethanischen Publikum so angetan, dass der Dichter ihm – nach einer Überlieferung aus dem 18. Jahrhundert sogar auf besonderen Wunsch Königin Elisabeths – eine eigene Komödie widmete. Das anarchische, schlagfertige und von Lebensfülle strotzende Schwergewicht aus *Heinrich IV.* ist aber in dem schmarotzenden Tölpel der Komödie kaum wiederzuerkennen. Das Stück fällt auch sonst aus dem Gesamtwerk heraus. Es ist das einzige, das durchgängig einen zeitgenössischen englischen Schauplatz hat und ausschließlich im bürgerlichen Milieu spielt. Hier begibt sich Shakespeare auf das Gebiet der realistischen Typenkomödie mit farcenhaften Elementen, auf dem Thomas Dekker 1599 mit *The Shoemaker's Holiday* triumphierte und das danach von Ben Jonson beherrscht wurde. Die Sonderstellung des Stückes im Gesamtwerk des Dichters macht es wahrscheinlich, dass es sich dabei um ein Auftragswerk handelt, das er auf besonderen Wunsch eines Mäzens schrieb.

Die Problemstücke

Etwa um die Zeit, in der der *Hamlet* entstand, scheint Shakespeares Weltsicht eine pessimistische Wendung genommen zu haben; denn nicht nur seine Tragödien wurden danach immer düsterer, sondern auch die nächsten drei Komödien, die man als *problem plays* von den *festive comedies* abgrenzt. Die erste, *Troilus und Cressida*, steht dem Tragischen so nahe, dass die Bezeichnung Komödie kaum angemessen ist. Es ist ein bitteres, geradezu zynisches Stück, in dem Heldentum als vernunftlose Angeberei und Liebe als Vernarrtheit vorgeführt wird. Der Trojaner Hektor, der vergeblich zur Vernunft mahnt, wird, als er unbewaffnet dem vermeintlichen Musterhelden Achill begegnet, von dessen Soldaten regelrecht abgeschlachtet. Die unbeständige Cressida gibt das Liebespfand ihres Troilus bei erster Gelegenheit an den nächsten Liebhaber weiter, und Troilus selber, der sich für große Taten und heiße Liebe begeisterte, beschließt desillusioniert, im Kampf den Tod zu suchen. Das Stück enthält Shakespeares expliziteste Diskussion des Verhältnisses von Vernunft und Leidenschaft, wie an früherer Stelle bereits ausgeführt wurde. Streckenweise liest es sich wie eine philosophische Diskussion über die moralische Ordnung der Welt, mit dem Unterton einer illusionslosen Menschheitssatire.

Weniger zynisch, doch ebenso hart am Rande der Tragödie ist *Ende gut, alles gut.* Zugleich machen sich hier bereits barocke Züge bemerkbar, die später in den Romanzen immer stärker hervortreten. Es ist die märchenhafte Geschichte der Arzttochter Helena, die mit der Medizin ihres Vaters einen todkranken König heilt und von diesem dafür zur Belohnung auf ihren Wunsch sein Mündel, den Grafen Bertram, gegen dessen Willen zum Ehemann bekommt. Der Rest des Stückes handelt von der Liebesverweigerung des Grafen und der abschließenden Vereinigung, wobei ein geheimnisvoller Ring eine entscheidende Rolle spielt; denn Bertram will nur dann in den Vollzug der Ehe einwilligen, wenn es ihr gelingt, den betreffenden Ring von seinem Finger zu bekommen und ihm ein Kind zu gebären. Beides erreicht sie, indem sie bei einem nächtlichen Stelldichein den Platz der von Bertram umworbenen Diana einnimmt.

Das Ring-Motiv kehrt in *Maß für Maß* wieder. Auch hier geht die Handlung bis an den Rand des Tragischen. Der scheinbar so tugendhafte Angelo, der als Stellvertreter seines Fürsten eingesetzt wird, missbraucht seine Macht, um sich die von ihm begehrte Isabella gefügig zu machen, wobei er vor Rechtsbruch und Mord nicht zurückschreckt. Am Ende muss er seine frühere Verlobte Mariana heiraten, die ihn immer noch liebt und die sich ihm während eines nächtlichen Stelldicheins in der Verkleidung der Isabella hingegeben hat. Diese Entlarvung des scheinheiligen Moralisten trägt genauso moralisierende Züge wie der Handlungsverlauf von *Ende gut, alles gut,* wo Helena in der Verkleidung eines Pilgers ihren Geliebten Bertram als guter Engel begleitet, während sein böser Engel, der „notorische Lügner" und Erzschurke Parolles, ihn vom Pfad der Tugend abhält. Beide Stücke zeigen in ihren männlichen Hauptfiguren einen Prozess der moralischen Krise mit anschließender Läuterung, der in seiner allegorischen Struktur wie ein Vorspiel zu den barocken Läuterungsparabeln nach Art von Bunyans *Pilgrim's Progress* anmutet. Schon der Name Angelo weist auf die verdeckte Allegorie hin. Dass dieser Schreibtischtäter, der unter Missbrauch seines Amtes in erpresserischer Absicht den Bruder der von ihm begehrten Frau wegen der unehelichen Zeugung eines Kindes zum Tode verurteilt hat, am Schluss selber begnadigt wird, mutet höchst ungerecht an, zumal der Fürst den vergleichsweise harmlosen Aufschneider und Verleumder Lucio auspeitschen und hängen lassen will und ihm die Strafe erst nachträglich unter der Bedingung erlässt, dass er die von ihm geschwängerte Frau heiratet.

Es ist nicht auszuschließen, dass Shakespeare als nächstes Stück *Timon von Athen* begann und es dann unvollendet ließ, um das Thema des Menschenhasses in *König Lear* ganz ins Tragische zu wenden. Strukturell liegt bei Timon kein tragischer Sturz vor. Weder macht er sich schuldig, noch kommt er gewaltsam zu Tode. Vielmehr scheint er mit seinem Weltekel zwischen Hamlet und dem Menschenfeind von Molière zu stehen. Die meisten Kritiker sehen in dem Stück aber eine späte Tragödie.

Die Tragödien

Als in den Weihnachtstagen von 1561 auf 1562 die beiden Juristen Thomas Sackville und Thomas Norton in der Rechtsschule des Inner Temple *The Tragedie of Gorboduc* zur Aufführung brachten, leiteten sie die zweite große Blütezeit tragischer Dichtung seit dem Zeitalter des Perikles ein. Mit Thomas Kyds *Spanish Tragedy*, die vermutlich 1586 uraufgeführt wurde, erreichte diese Epoche ihren ersten Höhepunkt, dem mit Christopher Marlowes Zweiteiler *Tamburlaine the Great* und seinem *Dr. Faustus* rasch weitere folgten. Als Shakespeare sich der tragischen Gattung zuwandte, waren Marlowe und Kyd bereits tot. Obwohl die großen Vorgänger ihm die Pionierarbeit abgenommen hatten, trägt sein Erstling *Titus Andronicus* immer noch die Anzeichen eines tastenden Versuchs. Das Stück ist wie Kyds *Spanish Tragedy* eine am Vorbild Senecas orientierte blutrünstige Rachetragödie, in der die Grausamkeit so zum Exzess getrieben wird, dass sie für ein modernes Publikum schon fast einen Hauch von makabrer Komik hat. Es ist nicht ganz auszuschließen, dass Shakespeare mit heimlichem Spott zeigen wollte, dass er die populäre *Spanische Tragödie* an Grausamkeit noch übertreffen konnte, indem er beispielsweise eine Frau auftreten lässt, der die Zunge herausgeschnitten und die Hände abgehackt wurden.

Die Rachetragödie war damals eine beliebte Tragödienform. Ihr Strukturprinzip besteht darin, dass ein Initialverbrechen eine lange Reihe von Rachehandlungen nach sich zieht, bis alle, die an dem Gemetzel in irgendeiner Weise beteiligt waren, tot sind und die moralische Ordnung wieder hergestellt ist. Es ist klar, dass ein solcher Handlungsverlauf, bei dem Gewalttat immer neue Gewalttat gebiert, wenig Raum für psychologische Differenzierung bietet. Die Tatsache, dass Shakespeare die Form wieder aufgab, deutet darauf hin, dass er in ihr nicht das ausdrücken konnte, was er darstellen wollte. Allerdings ist die Abfolge der Rachehandlungen bereits in eine universalere Struktur eingebettet, die zur Grundform seiner späteren Tragödien wird, nämlich in das Schema von gestörter und wiederhergestellter Ordnung.

Die Tragödie beginnt mit dem Streit zweier Kaisersöhne um die Nachfolge auf den römischen Thron. Die Volkstribunen schlagen aber einen dritten Kandidaten vor, den soeben von einem Krieg gegen die Goten siegreich zurückgekehrten Titus Andronicus. Doch der lehnt die Kandidatur ab und unterstützt die des erstgeborenen Kaisersohns. Damit gibt er um der Legitimität willen die ihm zugefallene Macht aus der Hand. Zwar versucht er sich dadurch zu sichern, dass er dem neuen Kaiser seine Tochter Lavinia zur Frau geben will. Doch die war bereits Bassanius, dem Bruder und Rivalen des Kaisers, versprochen, der sie sich mit Gewalt sichert. Im Kampf um Lavinia wird Bassanius von Lavinias Brüdern unterstützt, worauf Titus einen seiner Söhne tötet. Parallel zu dieser Entwicklung wird die Rachehandlung dadurch in Gang gesetzt, dass Titus mit kaiserlicher Erlaubnis den ältesten Sohn der gefangenen Gotenkönigin am Grab seiner im Krieg gefallenen Söhne opfert. Als nun der neue Kaiser anstelle von Lavinia Tamora ehelicht, ist Titus der Rache jener Frau ausgeliefert, die er zuvor als Feindin Roms besiegt und gefangen genommen hat. Somit werden bereits in der ersten Szene drei Kausalreihen ausgelöst: die Rache Tamoras, die Entmachtung Titus' und die Rebellion des jüngeren Kaisersohns gegen den gekrönten Bruder. Im Fortgang der Handlung ermorden Tamoras Söhne Bassanius und vergewaltigen Lavinia, der sie die Zunge herausschneiden und die Hände abhacken. Der Liebhaber Tamoras, der Mohr Aaron, lenkt den Verdacht an Bassanios' Tod auf zwei Söhne des Titus. Dann folgt Bluttat auf Bluttat. Titus hackt sich die Hand ab und schickt sie dem Kaiser; der schickt die Hand samt den Köpfen der Söhne an Titus zurück. Darauf serviert Titus der Kaiserin die Köpfe ihrer Söhne als Pastete, tötet seine Tochter und Tamora, wird vom Kaiser getötet und dieser von Lucius, dem letzten Sohn des Titus, der darauf zum Kaiser ernannt wird. Nicht genug mit diesen Gräueln, Shakespeare setzt noch eins drauf, indem er Tamora ein schwarzes Baby zur Welt bringen lässt, das Aaron, der Vater, vor der zu erwartenden Ermordung dadurch in Sicherheit bringt, dass er es gegen ein weißes austauscht, wofür er erst einmal Amme und Hebamme töten muss. Dieser makabren Blutorgie, in der alles darauf angelegt zu sein scheint, dem Publikum das Äußerste an Sensation zu bieten, liegt dennoch ein sinnstiftendes Prinzip zugrunde; denn es wird gezeigt, wie zwei politisch unkluge Handlungen – die Opferung des Kriegsgefangenen und der Verzicht auf die Macht – ein Chaos auslösen, das wie ein loderndes Feuer erst dann aufhört, als der gesamte Brennstoff verzehrt ist. Schon hier geht es um die beiden Grundwerte, die in Shakespeares Stücken danach immer mehr ins Zentrum treten: auf der einen Seite um Mäßigung und Gnade, auf der anderen um das Festhalten an der vertikalen Ordnung. Hätte Titus sich zum Kaiser wählen lassen, wäre ihm das ganze Unglück erspart geblieben; und hätte er Gnade walten lassen und auf die Opferung des Sohnes der Tamora verzichtet, hätte er nicht deren Rache auf sich gezogen.

Auch bei seiner nächsten Tragödie, *Romeo und Julia*, experimentiert Shakespeare mit einer Form, zu der er danach nicht wieder zurückkehrte. Diesmal ist es die Schicksalstragödie. Schon der Chor, der den ersten Akt eröffnet, stimmt den Zuschauer auf das Unglück zweier *star-crossed lovers* ein. Die Titelhelden sind schuldlose Opfer einer Folge schicksalhafter Verkettungen. Möglich wird das Verhängnis aber nur, weil die Feindschaft der beiden Familien dem Schicksal die Angriffsfläche bietet. Doch der tragische Untergang der Liebenden wird nicht durch diese Feindschaft, sondern durch unglückliche Zufälle ausgelöst. So wird Mercutio, dessen Tod die Reihe der Unglücksfälle in Gang setzt, nur deshalb tödlich getroffen, weil Romeo ihm in den Arm fällt, als Tybalt zusticht. Der Tod des Freundes wiederum lässt Romeo den Kampf mit Tybalt aufnehmen, den er tötet, wodurch er sich den unversöhnlichen Hass der Familie seiner geliebten Julia zuzieht. Der gut gemeinte und klug eingefädelte Rettungsversuch, den Bruder Lorenz mit Julias vorgetäuschtem Tod inszeniert, scheitert daran, dass der Bote, der Romeo benachrichtigen soll, wegen eines Pestverdachts festgehalten wird, so dass Romeo nach seiner Rückkehr Julia tatsächlich für tot hält und sich daraufhin vergiftet, was die kurz danach erwachende Julia veranlasst, sich den Dolch des toten Geliebten in die Brust zu stoßen.

An einem dritten Tragödientypus versuchte sich Shakespeare in *Julius Caesar*. Das Stück beginnt zwar wie die späteren Tragödien mit dem Aufstieg des Titelhelden, doch dessen Tod erfolgt bereits im dritten Akt, so dass seine Tragödie hier zu Ende ist. Danach setzt die des Brutus ein, der als edler Mensch ohne eigene moralische Verfehlung in einen tragischen Konflikt gestellt ist. Als Mensch fühlt er sich durch Liebe, Dankbarkeit und Bewunderung Cäsar verbunden; als republikanischer Staatsbürger muss er Rom gegen die Gefahr der Tyrannei verteidigen. Hier gestaltet Shakespeare zum ersten und einzigen Mal die Form der Konflikttragödie, die später bei dem französischen Klassiker Corneille eine so zentrale Rolle spielt.

In seiner nächsten Tragödie, im *Hamlet*, nimmt die tragische Struktur endlich die Form an, die danach ständig wiederkehrt. Allerdings wird sie hier noch in umgekehrter Richtung thematisiert, weshalb dem *Hamlet* ein gesondertes Kapitel im Anschluss an dieses gewidmet sein soll. Die nachfolgenden Tragödien weisen dagegen allesamt die immer gleiche Grundstruktur auf, und zwar den Widerstreit von Vernunft und Leidenschaft. In *Othello* wird dies mit großer psychologischer Kunst vorgeführt. Othello wird als ein äußerst besonnener Mann eingeführt, dessen Eifersucht erst aufflammt, als Jago ihn arglistig auf diese Fährte lockt. Am Schluss, nachdem seine Eifersucht alle Dämme der Vernunft niedergerissen und ihn zum Mord an Desdemona getrieben hat, charakterisiert er sich selber noch einmal so:

> Sprecht von mir als
> Von einem, der nicht klug, doch zu sehr liebte,
> Der nicht leicht eifersüchtig war, doch wenn –
> Dann gleich extrem; ... (V, 2; 351–355)

Bemerkenswert ist an dem Stück die Ambivalenz von Vernunft und Leidenschaft. So tritt ausgerechnet der Schurke Jago als Anwalt der Vernunft auf, wenn er zu Roderigo sagt:

> Hätte die Waage unsres Lebens nicht eine Schale mit Vernunft, um die der Sinnlichkeit auszutarieren, dann führten unser Blut und unsre niedere Natur uns zu den schlimmsten Folgen. Doch die Vernunft ist uns gegeben, um unsre wilde Leidenschaft, die fleischlichen Gelüste und den zügellosen Trieb zu kühlen. (I, 3; 322–325)

Jago nutzt die Vernunft nur in der Form des instrumentellen Verstandes, nicht als das *lumen naturale*, das den rechten Weg weist. Nach elisabethanischer Psychologie ist er trotz seiner scheinheiligen Berufung auf die Vernunft ein Charakter, dessen Handeln ganz durch die Leber bestimmt wird. Was ihm gänzlich abgeht, sind die edlen Leidenschaften des Herzens. Er begründet seinen Hass auf Othello mit Eifersucht, ohne auch nur das leiseste Anzeichen von Liebe zu seiner Frau erkennen zu lassen. Ein zweites Motiv ist Neid, weil er sich bei Beförderungen übergangen fühlt. Habgier ist ebenfalls von Anfang an dabei; denn Jago nimmt Roderigo so aus, dass dieser am Ende nichts mehr in jenem Beutel hat, den Jago mit so ominösem Nachdruck immer wieder erwähnt. Der positive Held, der am Ende überlebt und als Othellos Nachfolger die Herrschaft in Zypern antritt, ist Cassio, ein Mann von nobler Gesinnung, dessen einzige Schwäche darin besteht, bei Alkoholgenuss die Selbstkontrolle zu verlieren. Er ist einer der typischen Vertreter des anständigen Mittelmaßes, die in allen Tragödien Shakespeares die wiederhergestellte Ordnung repräsentieren. Es sind Menschen, die weder ausschließlich von der Vernunft noch von den Leidenschaften der Leber, sondern von der positiven Leidenschaft des Herzens geleitet werden.

In der Chronologie der Werke folgt als nächstes Shakespeares düsterste Dichtung, *König Lear*. Das Stück beginnt damit, dass Lear die Herrschaft an seine Töchter abtritt und damit aus freien Stücken den ihm von Gott zugewiesenen Platz in der Weltordnung verlässt. Diese unkluge Maßnahme ist sein erster Schritt in den Untergang, dem als zweiter sein aus gekränkter Eitelkeit entspringender Jähzorn folgt, mit dem er auf Cordelias spröde Ehrlichkeit reagiert. Danach ist er nur noch der von seinen bösen Töchtern abgeschobene und wie ein lästiger Parasit behandelte alte Mann. Lear ist der einzige unter Shakespeares tragischen Helden, dessen tragischer Sturz bereits in der ersten Szene einsetzt. Dadurch erhält das Stück eine grundsätzlich andere Struktur als *Othello* und die späteren Tragödien, wo die tragische Katastrophe erst im Verlauf der Handlung durch die Helden herbeigeführt wird. Für Lear beginnt nach der ersten Szene ein kathartischer Leidensprozess, der seinen Tod an gebrochenem Herzen nicht als tragischen Untergang, sondern nur noch als den Schlusspunkt einer tief greifenden Läuterung erscheinen lässt. Damit ergibt sich das dramaturgische Problem, dass der stetig sinkende Held zuletzt keine Fallhöhe mehr für den endgültigen Untergang hat. Wenn Lear dennoch von vielen als Shakespeares tragischster Charakter empfunden wird, rührt das daher, dass sein anfangs schuldhafter Jähzorn sich in ein immer verzweifelter werdendes Rasen gegen die Weltordnung wandelt. Je mehr er leidet, umso geringer wird im Vergleich dazu seine eigene Schuld und um so mehr erscheint er als der „Mann, an dem mehr gesündigt wurde, als er selber sündigte" (III, 2, 57). Das Stück wird durchzogen von der stetig anschwellenden Klage über die Gleichgültigkeit der Götter, die solches Unrecht zulassen und den Menschen von Geburt an dazu verdammen. (Vgl. hierzu die Zitate S. 42 und 47).

Wäre Lear nur das Opfer seiner boshaften Töchter, wäre er nichts weiter als ein törichter alter Mann. Dadurch aber, dass er sich in gerechtem Zorn gegen eine ungerechte Weltordnung auflehnt, gewinnt er von Akt zu Akt an tragischer Statur. Auch diese pessimistischste Tragödie Shakespeares hat einen Überlebenden, der nach dem Tode der Schurken, der unschuldigen Opfer und des tragischen Helden die Herrschaft übernimmt. Es ist Edgar, der sich wahnsinnig stellte und unter dieser Tarnung das tragische Unwetter überstand. Er ist typischerweise ein kompromissbereiter Pragmatiker, der zuletzt noch dem bösen Halbbruder Edmund, den er im Zweikampf tödlich getroffen hat, die Hand zur Versöhnung reicht. Die beiden anderen Überlebenden kommen für die Übernahme der Herrschaft nicht in Frage. Der vom Tode gezeichnete Kent steht Lear zu nahe und wird ihm bald folgen, und Albany, der sich am Ende von den Machenschaften seiner bösen Ehefrau Goneril distanziert, war an diesen zu lange beteiligt, um die Führung der neuen Ordnung zu übernehmen. Er sieht es selber so und lehnt den Regierungsauftrag ab.

Shakespeares kürzeste, härteste und in der dramatischen Struktur straffste Tragödie ist *Macbeth*. In ihr zeigt sich am klarsten, wie der Dichter das mittelalterliche *De-casibus*-Schema zur Tragödie umformte. Aufstieg und Fall großer Männer und Frauen war im Mittelalter ein Standardmotiv der so genannten *exempla*, in denen moralisierend gezeigt wurde, wie jemand, der sich überhob, von Gott für seinen Hochmut bestraft wurde. Boccaccio hatte das Motiv durch seine Schrift *De casibus virorum illustrium* popularisiert, Chaucer hatte es in *The Monk's Tale* in die *Canterbury Tales* eingearbeitet, und sein jüngerer Zeitgenosse John Lydgate walzte Boccaccios Stoff unter dem Titel *The Fall of Princes* zu 36 000 Versen aus. Danach wurde das Schema neben der Rachetragödie und der *Sex-and-crime*-Tragödie zur vorherrschenden Tragödienform des elisabethanischen Dramas, die in *Macbeth* ihre höchste Ausprägung fand. Das Stück beginnt mit dem Auftritt der Hexen, die dem strahlenden Sieger der gerade beendeten Schlacht als Than von Glamis, Than von Cawdor und zukünftigen König von Schottland begrüßen. An früherer Stelle wurde bereits gesagt, dass es sich hier um keine echten Weissagungen handelt; denn dass Macbeth das Erste ist, weiß er schon, dass er das Zweite ist, weiß der Zuschauer, und das Dritte führt er selber herbei. Folglich handelt es sich in keinem der drei Fälle um das Einwirken höherer Mächte, sondern um etwas, was allein dem Ehrgeiz Macbeths entspringt. Nachdem so die tragische Dynamik ganz ins Innere des Helden verlagert ist, beginnt dieser nun selber, in der Außenwelt das Wirken eines objektiven Schicksals zu sehen. Doch dass es sich dabei um Projektionen der eigenen Psyche handelt, zeigt sich am klarsten in der Bankettszene, wo nur er den Geist des ermordeten Banquo sieht, der seinen Platz einnimmt, während die anderen den leeren Stuhl sehen. Dadurch, dass Macbeth die göttliche Ordnung durch den Königsmord durchbrochen hat, ist die gesamte Weltordnung aus den Fugen, so dass nun in der Tat eine objektive Dynamik einsetzt, die auf die Wiederherstellung der Ordnung hinwirkt. Darum ist die Botschaft der Hexen bei ihrer zweiten Begegnung mit Macbeth eine echte Prophezeiung. Der Wald von Birnam kommt tatsächlich auf ihn zu, und er wird tatsächlich von einem Mann getötet, der nicht auf natürliche Weise von einer Frau geboren, sondern aus ihrem Leib herausgeschnitten wurde.

Was Shakespeares Stück grundsätzlich vom mittelalterlichen *De-casibus*-Schema unterscheidet, ist die Tatsache, dass Macbeths von den Hexen entzündeter Ehrgeiz etwas ist, was ihm Größe verleiht. Er geht über Leichen und erkennt mittendrin, dass „er so tief in einen Strom von Blut gewatet ist, dass der Weg zurück durch ebenso viel Blut führt wie der Weg nach vorn". Auch hier sind die Überlebenden von deutlich kleinerem Format. Malcolm, der spätere König, hat sich durch Flucht in Sicherheit gebracht, ebenso Macduff, dessen Frau nicht verstehen kann, dass er Weib und Kind feige im Stich lassen konnte. Die kompromisslerische Klugheit und Vorsicht der beiden lässt den kompromisslosen Helden umso heroischer und insofern größer erscheinen. Obwohl er im Vergleich mit Lear ein unzweifelhaft schuldiger Verbrecher ist, äußert er sich ebenso nihilistisch über die Weltordnung wie jener. Dass ein anfangs edler Held, dessen „Milch der frommen Denkart" – wie Lady Macbeth befürchtet – seinem Ehrgeiz im Wege stehen könnte, so rasch dieser übermäßigen Leidenschaft zum Opfer fällt, impliziert auch einen Vorwurf an die Adresse dessen, der die Weltordnung schuf.

Mit *Antonius und Cleopatra* schrieb Shakespeare nach *Romeo und Julia* seine zweite große Liebestragödie. Waren es dort noch *star-crossed lovers*, so steht jetzt die tragische Liebesbeziehung ganz im Zeichen des *passion-reason*-Problems.

Bereits die ersten Sätze des Stückes aus dem Mund des Soldaten Philo schlagen das Grundthema des Stückes an:

> Nein, dieser Liebeswahnsinn unsres Feldherrn,
> Er übersteigt jedwedes Maß. Die Augen,
> Die einst, wenn er sein Kriegsvolk musterte,
> Wie Mars in Waffen glänzten, senken sich
> Auf eine braune Stirn jetzt; und sein Herz,
> Das im Gewühl der Schlachten einst die Spangen
> Des Panzers sprengte, ist ein Blasebalg,
> Der einer lüsternen Zigeunerin
> Die Wollust kühlt. (I, 1; 1–10)

Was in der frühen Liebestragödie noch wie ein Geschenk des Himmels erschien, das an der irdischen Wirklichkeit zerschellt, wird jetzt gleich in der ersten Zeile als *dotage* bezeichnet. In den Stücken, die zwischen den beiden entstanden, lässt sich eine zunehmende Kritik an der sinnlichen Liebe beobachten, die einhergeht mit einem frauenfeindlichen Unterton. Selbst unschuldige Frauen wie Desdemona erscheinen als verhängnisvolle Köder, nach denen die Leidenschaft des Mannes schnappt, erst recht bewusste Verführerinnen wie Cleopatra. Die wankelmütige Königin spielt mit dem Helden, indem sie ihn im Kampf im Stich lässt, um ihn in der Liebe umso sicherer an der Angel zu haben. Erst nachdem er sich nach der Falschmeldung über ihren Tod den Todesstoß versetzt hat, richtet auch sie sich zu wahrer Größe auf und folgt ihrem Geliebten nach, statt sich dem siegreichen Oktavian zu unterwerfen.

In keiner anderen Tragödie Shakespeares nimmt das Problem von Vernunft und Leidenschaft so breiten Raum ein, und das im buchstäblichen Sinn; denn hier stehen sich zwei Welten gegenüber, von denen Rom die rationale Ordnung des Staates und Ägypten die hedonistische Sphäre der Sinnlichkeit repräsentiert. Immer wieder legt Shakespeare seinen Figuren Äußerungen in den Mund, die entweder Rom als die Hüterin der Rationalität oder Ägypten als das Reich der Sinne darstellen. Am Ende siegt auch hier der kühle Pragmatismus, ver körpert durch Oktavian, der von seinem späteren Glanz als Kaiser Augustus nichts ahnen lässt. Shakespeare lässt ihn zwar als tüchtigen und erfolgreichen Führer auftreten, doch gibt er ihm nichts von der poetischen Gloriole des Antonius. Schien es erst, als habe dieser jeden Stolz als Soldat und Römer verloren und folge wie ein „liebestoller Enterich" (*doting mallard*) seiner Geliebten, so gewinnt er am Ende durch den selbstgewählten Tod den eignen Stolz und die Achtung des Publikums zurück. Auch Cleopatra, die über weite Strecken als launische *femme fatale* erscheint, gewinnt am Ende tragische Größe, als sie die Unterwerfung unter die römische Herrschaft verweigert und dem Geliebten in den Tod folgt. Beide erheben sich damit aus der Sphäre der Leber in die des Herzens.

Um Stolz geht es noch entschiedener in Shakespeares drittem Römerdrama, *Coriolan*, nur wird hier das Problem nicht von der Seite der Leidenschaft, sondern von der der staatlichen Vernunft her aufgerollt, als deren Anwalt der greise Menenius auftritt. Mit seiner Fabel vom Körper und dessen Gliedern macht der weise Patrizier seinen Zuhörern klar, dass der arbeitsteilige Organismus des Staates privilegierte Glieder wie den Kopf und den Magen braucht, um sich erfolgreich gegen andere Staaten behaupten zu können. Damit wird einerseits die rationale Herrschaftsstruktur des Staates gerechtfertigt, während andererseits das Stück zeigt, dass der Staat auch Menschen wie Coriolan braucht, deren unvernünftiger Stolz zwar die Ordnung gefährdet, deren Leidenschaft und Tatkraft sie aber befähigen, für ihre Stadt Siege zu erringen. Als die Volkstribunen sich seine stolze Überheblichkeit nicht länger gefallen lassen und ihn verbannen, spielen sie den erfolgreichen Krieger den feindlichen Volskern in die Hände, die Coriolan eben erst für Rom besiegt hat. Nun siegt er für sie über Rom. Doch als er der beschwörenden Bitte seiner Mutter nachgibt und die Stadt schont, nimmt Aufidius, der Anführer der Volsker, dies zum Anlass, den gefährlichen Rivalen aus dem Wege zu räumen. Unter allen Figuren, die am Ende von Shakespeares Tragödien die Macht übernehmen, ist

Aufidius der zynischste. Er macht kein Hehl daraus, dass ihm Coriolans Friedensschluss mit Rom ein willkommener Vorwand dafür ist, den Konkurrenten auszuschalten. Gleichzeitig ist er aber ein kühl kalkulierender Pragmatiker, der gleich nach dem Attentat merkt, dass die Tat seinem Ansehen schadet, und so gibt er vor dem noch warmen Leichnam seines Opfers den Befehl, diesem ein ehrenvolles Begräbnis zu bereiten.

Timon von Athen gilt allgemein als Shakespeares letzte (oder vorletzte) Tragödie, wird aber von manchen, wie an früherer Stelle erwähnt, in die Nähe von *Maß für Maß* datiert. Als Tragödie ist sie jedenfalls die schwächste. Das liegt vor allem daran, dass der Held keinen Gegenspieler hat. Timons Leidenschaft ist eine über alles Maß der Vernunft hinausgehende Freigebigkeit, die ihn finanziell ruiniert. Als er die Empfänger seiner früheren Wohltaten nun seinerseits um Hilfe bittet, stößt er überall auf zugeknöpfte Taschen, worauf seine einstige Freigebigkeit in unversöhnlichen Menschenhass umschlägt.

Bis zu diesem Punkt wirkt die Tragödie wie ein moralisierendes Lehrstück mit der Botschaft, dass man angesichts der Undankbarkeit der Menschen seine Wohltaten besonnen verteilen soll. Dann aber erhält das Stück eine neue Wendung, als Timon in der Wildnis, in die er sich als Eremit zurückgezogen hat, einen Goldschatz findet, den er Alkibiades, dem Feind seiner Vaterstadt, zur Verfügung stellt, um Athen zu strafen. Timon löst damit den Loyalitätskonflikt Coriolans in entgegengesetzter Richtung. Während dieser sich zugunsten der undankbaren Vaterstadt erweichen lässt und damit seinen eigenen Untergang herbeiführt, bleibt Timon bei seinem unversöhnlichen Hass.

Dennoch endet das Stück mit der gleichen pragmatischen Lösung wie die übrigen Tragödien. Nachdem Timon eines natürlichen Todes gestorben ist, einigt sich Alkibiades mit Athen auf einen Kompromiss. Es ist schwer zu entscheiden, ob diese schwarze Parabel vom Menschenfeind den Punkt markiert, an dem Shakespeare die zum Problemstück gewordene Komödie zugunsten der echten Tragödie oder diese zugunsten der Romanze aufgab.

Die Sonderstellung des *Hamlet*

Seit die deutschen Romantiker Hamlet zu ihrem Idol erkoren haben, nimmt diese Figur hierzulande eine Sonderstellung unter den Shakespeare'schen Helden ein. In England war die Identifikation mit ihm weniger extrem, aber auch dort war er die Shakespeare-Figur, mit der sich die Kritik am intensivsten beschäftigte. Auf die Gründe dafür soll erst am Schluss des Kapitels eingegangen werden. Zuvor soll gezeigt werden, dass das Stück selber sich von den übrigen Tragödien abhebt und dennoch die gleiche Problemstruktur aufweist. Während die anderen tragischen Helden dadurch zu Fall kommen, dass eine übermäßige Leidenschaft gleich am Anfang des Stückes wie ein Haken in die Schwachstelle ihres Charakters eindringt und ihre rationale Selbstkontrolle unterminiert, beginnt Hamlets Tragödie nicht mit einer Versuchung, sondern mit einem Auftrag, den er erfüllen soll. Folglich kommt es für ihn nicht darauf an, der Versuchung zu widerstehen, sondern den Auftrag auszuführen. Damit liegt hier im Vergleich mit den anderen Tragödien die exakte Umkehrung ihrer inneren Dynamik vor. Zwar misstraut Hamlet zunächst dem Geist und hält für möglich, dass es ein Trugbild der Hölle, also eine Versuchung, sei, doch gerade dadurch zeigt er, dass er auf die Stimme der Vernunft und nicht auf die der Leidenschaft hört. Die Vernunft gebietet ihm, sich erst einmal Gewissheit zu verschaffen, ob das, was der Geist ihm mitteilte, wahr ist. Zu diesem Zweck lässt er die Schauspieler vor Claudius pantomimisch den Mord an seinem Vater nachspielen. Als Claudius daraufhin erregt aufspringt und so sein schlechtes Gewissen verrät, schnappt die „Mausefalle" zu, und Hamlet hat den Beweis. Damit gibt es nun für ihn keinen Grund mehr, an der Rechtmäßigkeit des Racheauftrags zu zweifeln.

Der heutige Leser und Theaterbesucher wird dazu neigen, in *Hamlet* einen Konflikt zwischen Racheverlangen und christlichem Racheverbot zu sehen. Doch das wird in dem Stück an keiner Stelle thematisiert. Weder äußert Hamlet irgendwelche moralischen Bedenken hinsichtlich der Zulässigkeit der Rachetat, noch klingt der leiseste Zweifel an deren Rechtmäßigkeit an. Es gibt keinen obersten Gerichtshof, vor dem Hamlet den Brudermörder und Usurpator hätte anklagen können; denn über dem Rächer steht nur noch der König, und der ist der schuldige Verbrecher. Folglich ist Hamlet, zumindest im Wertesystem des Stückes, unzweifelhaft berechtigt, die Rache selbst zu vollziehen. Das Problem ist also nicht, ob er Rache üben darf, sondern weshalb er sie nicht übt; denn spätestens nach dem Zuschnappen der „Mausefalle" hätte er die erste Gelegenheit dafür nutzen können. Doch als er kurz darauf den König im Gebet überrascht und das Schwert zückt, um die Rache zu vollziehen, tut er es nicht.

Für Hamlets Zaudern sind die verschiedensten Erklärungen versucht worden. Die nächstliegende ist die, dass er zaudern muss, weil sonst das Stück bereits nach dem dritten Akt zu Ende wäre. An der dramaturgischen Notwendigkeit einer Verzögerung gibt es keinen Zweifel, doch wäre Shakespeare nicht der geniale Dichter, wenn er allein zu diesem Zweck das Stück bis zum fünften Akt mit retardierenden Momenten angefüllt hätte. Unbefriedigend ist auch die Erklärung, die sagt, Hamlet habe de facto gar keine Möglichkeit gehabt, den König zu töten, ohne sich dabei selbst zu gefährden. Ein Rächer, der sich um die eigene Sicherheit sorgt, taugt nicht zum Helden. Falls Hamlet tatsächlich nur zögerte, weil er auf eine günstige Gelegenheit wartete, dürfte der Zuschauer wenig Mitleid mit ihm empfinden, wenn er zuletzt aus lauter Vorsicht in die Falle seines Gegners tappt. Eine dritte Deutung sieht die Ursache in Hamlets Melancholie, die ihn unfähig macht, entschlossen zu handeln. Auf die Bedeutung der Melancholie im elisabethanischen England wurde bereits an früherer Stelle eingegangen. Dass Hamlet dem Typus des Melancholikers entspricht und dass er als solcher das elisabethanische Publikum zur Identifikation einlud, steht außer Frage. Doch wenngleich Melancholie nach der Humoralpsychologie der Elisabethaner ebenfalls als eine aus der Leber hervorbrechende Leidenschaft verstanden wurde, gibt das Stück keinen Hinweis darauf, dass dies der Grund von Hamlets Scheitern ist. Was also ist Hamlets Problem?

Da keine werkexternen Erklärungen des Dichters vorliegen, ist die Antwort nur im Stück selbst zu suchen. Unter allen Aussagen, die sich aus diesem herauslesen lassen, muss man wohl diejenigen als die relevanten ansehen, die am beharrlichsten wiederholt werden. Also bleibt hier nur die statistische Evidenz. Am beharrlichsten wiederholt und am nachdrücklichsten thematisiert wird das Verhältnis von Vernunft und Leidenschaft mit Bezug auf entschlossenes Handeln. Mangelnde Entschlusskraft ist das, was der Held immer wieder an sich selber diagnostiziert, was er sich vorwirft und worüber er nachdenkt. Die Erörterung des Problems beginnt ironischerweise damit, dass der Brudermörder Claudius dem Helden dessen übermäßige Trauer als etwas Natur- und Vernunftwidriges vorhält:

> Es ist Vergehn am Himmel,
> Vergehn am Toten und an der Natur,
> Vor der Vernunft absurd; denn sie sagt uns,
> Dass Väter sterben müssen, und sie ruft
> Vom ersten Leichnam bis zum heut Gestorbnen:
> „Es muß so sein". (I, 2; 101–106)

Ironisch daran ist, dass – wie in Othello – ausgerechnet der Schurke sich auf die Vernunft beruft. In seinem unmittelbar anschließenden ersten Monolog nimmt Hamlet den Begriff auf und spricht, nachdem er zuerst seinen Ekel vor der Welt im Allgemeinen und vor der übereilten Wiederverheiratung seiner Mutter im Besonderen ausgedrückt hat, vom *discourse of reason*.

> O Gott, ein Tier, dem die Vernunft abgeht,
> Tät länger trauern. (I, 2; 150f.)

Vernunft wird hier als Appellationsinstanz bemüht, gleichzeitig aber wird vernunftbegabten Menschen vorgeworfen, dass sie schlechter als die Tiere seien. Diese Ambivalenz zieht sich durch das ganze Stück. Schon wenig später kommentiert Hamlet gegenüber Horatio die Neigung der Dänen zur Trunksucht, indem er sagt:

> So oft geschieht es in besondren Menschen,
> Dass wegen eines Makels, den Natur
> In ihre Wiege legte, ohne dass
> Sie schuld sind – denn Natur lässt keine Wahl –,
> Ein übermäß'ger Körpersaft die Dämme
> Und Festungsbauten der Vernunft durchbricht,
> Vielleicht auch, dass die Hefe der Gewohnheit
> Die guten Sitten gären lässt – ... (I, 4; 18: 7–14)

Die Vorstellung von Vernunft als dem Bollwerk gegen die Leidenschaft steht auch hinter dem, was Hamlet im dritten Akt zu Horatio sagt:

> Gib mir den Mann,
> Der nicht der Leidenschaften Sklave ist,
> Und ich will ihn in meinem Herzen tragen
> Wie Dich. (III, 2; 64–67)

Dazwischen aber liegt das Gespräch mit den Schauspielern, das Hamlet von der Seite der Vernunft auf die der Leidenschaften zieht; denn als er sieht, wie der Schauspieler beim bloßen Rezitieren Tränen vergießt, wirft er sich die eigene Leidenschaftslosigkeit vor:

> O welch ein Schuft und Bauernsklave bin ich!
> Ist's nicht absurd, dass dieser Spieler hier
> In einem bloßen Traum von Leidenschaft
> Die Seele in das Vorgestellte zwingt.
> (....)
>   Was täte er,
> Hätt er Motiv und Grund zur Leidenschaft
> Wie ich? ... (II, 2; 528–539)

Hier erscheint die Leidenschaft als etwas, das Hamlet braucht, um sein Rachewerk auszuführen. In seinem dritten – und berühmtesten – Monolog bringt er das Problem auf den Punkt:

> So macht Bewusstsein Feige aus uns allen,
> Und so wird des Entschlusses angeborne Farbe
> von des Gedankens Blässe überkränkelt,
> Und Wagestücke hohen Flugs und Wertes,
> Wenn ein Bedenken sie im Flusse hemmt,
> Verliern den Namen ‚Handlung'. (III, 1; 85–90)

Hamlet, der Anwalt der Vernunft, weiß, dass zum Handeln Leidenschaft gehört. Doch beides zu vereinen gelingt ihm nicht. Als er mit gezücktem Schwert hinter dem betenden Claudius steht, hat er schon fast genug Racheverlangen in sich mobilisiert, um zuzustoßen, doch da meldet sich die Vernunft und sagt ihm, dass er den Betenden möglicherweise in den Himmel schickt, worauf er das Schwert in die Scheide steckt, um auf eine günstigere Gelegenheit zu warten; denn er will ihn „in seiner Sünden Maienblüte" töten, um ihn in die Hölle zu schicken. So wird die Leidenschaft seines Racheverlangens durch seine Vernunft blockiert. Das heißt aber nicht, dass er – wie Goethe meinte – ein „schönes, reines, edles, höchst moralisches Wesen" ist, dem „eine große Tat auf seine Seele gelegt" sei, „die dieser Tat nicht gewachsen ist"; denn Hamlet schreckt vor der Tat keineswegs zurück. Er will sie nur vernunftgemäß ausführen. Dazu aber braucht er Leidenschaft. Das Problem ist das reziproke Verhältnis dieser beiden Antriebe: Je stärker die Vernunft, umso schwächer wird die Leidenschaft, und je stärker die Leidenschaft, um so schwächer wird die Vernunft. Bis zum Beginn des fünften Aktes bewahrt Hamlet einen klaren Kopf und behält alle Fäden in der Hand. Nur ein einziges Mal gab er bis dahin der Leidenschaft nach, als er Polonius hinter dem Vorhang erstach. Gerade diese Handlung, bei der seine Vernunft einen Augenblick lang durch Leidenschaft geblendet wird, löst aber eine weitere Kausalreihe aus, die zu seinem Untergang führt; denn sie setzt die zweite Rachehandlung in Gang, in der Laertes der Rächer ist. In dem Moment, in dem die beiden Rachehandlungen aufeinanderstoßen, wird Hamlets Vernunft ein zweites Mal von Leidenschaft überspült. Es ist die Szene, in der er in das Grab Ophelias springt und mit Laertes Streit anfängt. Dass er hier die Position der Vernunft aufgibt, war für das elisabethanische Publikum schon daran zu erkennen, dass die Szene in der „Unterwelt", d. h. in der durch eine Falltür zugänglichen Unterbühne, spielt. Aus dem Grab sieht Hamlet, der bis dahin als Einziger den souveränen Überblick hatte, die Welt nur noch aus der Maulwurfsperspektive. Damit hat er den Überblick verloren und geht nun blind wie ein Maulwurf seinem Gegner in die Falle. Weil er glaubt, Laertes Genugtuung schuldig zu sein, nimmt er dessen Herausforderung zum sportlichen Zweikampf an, nicht ahnend, dass es sich um ein Komplott zwischen Claudius und Laertes handelt, bei dem das Rapier des Letzteren geschärft und zusätzlich vergiftet sein wird.

Dass das Problem auf die hier dargelegte Weise thematisiert wird, ist schon daran abzulesen, dass jede der Hauptfiguren eine unterschiedliche Position auf der Skala zwischen Vernunft und Leidenschaft einnimmt. Am einen Ende steht der völlig leidenschaftslose Stoiker Horatio, am anderen der Brudermörder und Usurpator, dessen leidenschaftliche Machtgier nach elisabethanischer Psychologie aus der Leber quillt. Die Mitte markiert Fortinbras, der einen zwar unvernünftigen, aber ehrenvollen Feldzug unternimmt, was einer edlen Leidenschaft entspringt, die nach elisabethanischer Ansicht nicht aus der Leber, sondern dem Herzen kommt. Auch Laertes handelt als Rächer seines Vaters und seiner Schwester anfangs ehrenvoll, doch als er sich zu dem Komplott überreden lässt, sinkt er auf die Ebene der niederen Leidenschaften herab. Auf der anderen Seite der Skala steht Hamlet zwischen dem reinen Vernunftmenschen Horatio und dem Tatmenschen Fortinbras. Dieser übernimmt zwar am Ende des Stückes die Herrschaft, doch heißt das nicht, dass er die Lösung des Problems verkörpert; denn die bestünde in der Verbindung von Vernunft und edler, aus dem Herzen kommender Leidenschaft. Doch ebendies scheint tragischerweise unmöglich zu sein. In seinem letzten großen Monolog nimmt sich Hamlet den jungen Haudegen zum Vorbild. Doch beruft er sich auch dabei wieder auf die Vernunft, wobei die Schlüsselbegriffe vom Anfang, nämlich *discourse* und *reason*, wiederkehren.

> Gewiss, der uns von solcher Denkkraft (*discourse*) schuf,
> Voraus zu schaun und rückwärts, gab uns nicht
> Die Fähigkeit der göttlichen Vernunft (*reason*),
> Um in uns ungenutzt zu schimmeln. (IV, 4; 9: 26–29)

Danach wiederholt Hamlet die schon früher geäußerte Ansicht, dass das Denken den Menschen feige mache:

> Zerlegt man den Gedanken, ist ein Viertel
> Vernunft, der Rest ist Feigheit. (IV, 4; 9: 32f.)

Dann beginnt er darüber zu räsonieren, wie rechtes Handeln sich zu großem verhält, wie an früherer Stelle bereits gezeigt wurde. Wenn er gegen Ende des Monologs sagt:

> How stand I then,
> That have a father killed, a mother stained,
> Excitements of my reason and my blood,
> And let all sleep … (IV, 4; 9: 46–49)

> Wie steh ich da:
> Der Vater tot durch Mord, entehrt die Mutter,
> Aufruhr für die Vernunft wie für das Blut,
> und all das lass ich schlafen …

dann kommt darin sein ganzes Dilemma zum Ausdruck; denn was ihm nicht gelingen will, ist *reason* und *blood*, also Vernunft und Leidenschaft, zur entschlossenen Tat zu vereinen.

Was ist der Grund dafür, dass sich die bürgerliche Intelligenz seit der Romantik so entschieden mit Hamlet identifizierte? Als Außenseiter und Melancholiker verkörpert er exakt die bürgerliche Vereinzelung, die sich zuerst im elisabethanischen England ausbildete und dort die Krankheit der Melancholie hervorrief. Also kann es nicht verwundern, dass die zweite Phase der europäischen Verbürgerlichung zur Zeit der französischen Revolution die gleiche Gemütslage hervorrief. Da die englischen Intellektuellen in einer konstitutionellen und parlamentarischen Monarchie durchaus die Möglichkeit zur politischen Mitwirkung hatten, war für sie die Verurteilung zur Tatenlosigkeit kein so gravierendes Problem. Die deutschen dagegen sahen sich so sehr in der Rolle Hamlets, dass Ferdinand Freiligrath in einem Gedicht sagen konnte:

> Deutschland ist Hamlet. Ernst und stumm
> In seinen Toren jede Nacht
> Geht die begrabne Freiheit um
> Und winkt den Männern auf der Wacht.

Doch mit Shakespeares Hamlet hat der romantische wenig zu tun; denn dieser ist ein Intellektueller, der durch die Neigung zur Selbstreflexion gelähmt ist, während Shakespeares Held durchaus tatkräftig ist. Nicht dialektische Selbstreflexion ist, was ihn hemmt, sondern der tragische Dualismus von Vernunft und Leidenschaft. Shakespeare lebte und schrieb zu einer Zeit, als sich im philosophischen Denken der Dualismus Descartes' schon vorbereitete. Man geht am Kern seiner Tragödien vorbei, wenn man sie gegen den Hintergrund der Hegel'schen Dialektik deutet. Das tut beispielsweise Peter Szondi, der in seinem *Versuch über das Tragische* das Dialektische als Strukturmerkmal des Tragischen nachzuweisen versucht. Bei allem, was er über Schelling, Hegel, Hölderlin, Kleist und Hebbel schreibt, gelingt ihm dies überzeugend, was nicht verwundern kann, da die Genannten die postkantianische Dialektik im Kopf hatten. Doch seine Deutung des *Othello* verfehlt den Kern des Stückes und kann von ihm nur durch eine Überinterpretation des fatalen Taschentuchs der Desdemona auf Dialektik hingebogen werden. Dialektisch wäre Othellos Untergang, wenn bei ihm, wie bei Kleists Penthesilea, die Liebe selber in Hass umgeschlagen wäre. Doch bei ihm geschieht dieser Umschlag, weil die Eifersucht über die

Vernunft triumphiert. Er selbst bezeichnet sich in seinen letzten Worten als einen, „who loved not wisely, but too well". Das ist nicht Dialektik, sondern Dualismus. Das Gleiche gilt für Hamlet. Auch bei ihm hebt sich das denkende Subjekt nicht dialektisch selber auf, es gelingt ihm nur nicht, Vernunft und Leidenschaft zu verbinden. Auf den geistesgeschichtlichen Kontext dieser Problematik wird am Schluss noch einmal eingegangen werden.

Die Romanzen

In den letzten Jahren seines Schaffens schrieb Shakespeare vier Stücke, die man gewöhnlich unter dem Begriff ‚Romanzen' zusammenfasst. Von den Tragödien unterscheiden sie sich durch den positiven Ausgang und von den Komödien durch eine Reihe von Eigenschaften, die man allesamt als barock bezeichnen kann. *Perikles* zeigt diese Eigenschaften in besonderem Maße, obwohl das Stück wohl nur zum Teil aus Shakespeares Feder stammt. In die erste Folioausgabe wurde es deshalb gar nicht aufgenommen. Stilistisch heben sich die ersten beiden Akte mit ihrer unpoetischen, hölzernen Sprache so sehr vom Rest des Stückes ab, dass es gänzlich unwahrscheinlich ist, dass dieser Teil vom Dichter selber stammt. Entweder hat er hier mit einem anderen zusammengearbeitet, oder er hat – was wahrscheinlicher ist – das Stück eines anderen überarbeitet, wobei er sich am Anfang mit redaktionellen Verbesserungen begnügte, während er mit fortschreitender Handlung die Vorlage immer stärker in die eigene Sprache goss. Von den früheren Stücken hebt sich *Perikles* schon dadurch ab, dass darin John Gower, der Verfasser der Hauptquelle des Stückes, als Sprecherfigur auftritt und jeden neuen Handlungsabschnitt einleitet. Das gibt dem Stück einen eher epischen als dramatischen Charakter. Episch wirken auch die großen Raum- und Zeitabstände der Handlung.

Im ersten Akt wirbt Perikles in Antiochien um die Hand der

Tochter des Königs, vor dem er fliehen muss, weil er dessen Inzest aufdeckt. Im zweiten erleidet er an der Küste von Pentapolis Schiffbruch und heiratet die dortige Prinzessin Thaisa. Im dritten stirbt Thaisa auf einem Schiff bei der Geburt einer Tochter, wird in einem Sarg ins Meer versenkt und später am Strand von Ephesus durch einen Wunderarzt wieder zum Leben erweckt. Bis zum vierten Akt vergehen viele Jahre, in denen die aus dem Meer gerettete Tochter Marina zu einer schönen Jungfrau heranwächst, wodurch sie sich den Hass einer eifersüchtigen Frau zuzieht, vor deren Mordanschlag sie durch Piraten gerettet wird. Diese verkaufen sie an ein Bordell in Mytilene, aus dem sie durch einen gütigen Beschützer gerettet wird. Im fünften Akt wird das Schiff des trauernden Vaters vom Sturm an die Küste von Mytilene getrieben, wo er die tot geglaubte Tochter wiederfindet. Danach erscheint ihm die Göttin Diana im Traum, die ihm aufträgt, am Tempel von Ephesus ein Opfer zu bringen, wo er in der Priesterin seine vermeintlich tote Frau wiedererkennt.

Besser als jede Definition illustriert dieser Abriss das Wesen der Romanze. Die von Zufällen und wunderbaren Ereignissen bestimmte Handlung stellt keinen Anspruch auf realistische Glaubwürdigkeit, sie will vielmehr nur in exemplarischen, symbolisch-allegorischen Situationen Grundbefindlichkeiten des Menschen darstellen wie z. B. reine und inzestuöse Liebe zwischen Vater und Tochter, keusche Liebe und bloßen Sex zwischen Mann und Frau, Hass und Güte, Trennung und Wiedervereinigung, Trauer und Glück. Romantisch waren auch schon Shakespeares frühere Komödien mit ihren pastoralen Reinigungsbädern, durch die die Probleme der realen Welt zur Lösung gebracht werden. Jetzt aber wird die gesamte Handlung in ein opernhaftes Ritual verwandelt und mehr episch als dramatisch vorgeführt, was im Fall von *Perikles* besonders ausgeprägt ist, da hier ein Erzähler die Tableaus seines Bilderbuchs höchstpersönlich umblättert.

Shakespeares zweite Romanze, *Cymbeline*, die wohl im Ganzen aus seiner Feder stammt, wurde in der ersten Folioausgabe von 1623 den Tragödien zugeschlagen. In der Tat enthält das Stück typische Tragödienmotive, so die an *König Lear* erinnernde Figur des starrsinnigen Cymbeline und die an *Othello* erinnernde Intrige des Iachimo, der wegen einer Wette die Frau seines Freundes der Untreue zu überführen versucht. Romanzenhaft ist dagegen die Entführung der beiden Prinzen, die zwanzig Jahre später wieder auftauchen, sowie das Erwachen der vermeintlich toten Imogen, ihre Verkleidung als Page im Dienst ihres ebenfalls verkleideten Mannes, der sie wegen ihrer vermuteten Untreue töten lassen wollte, und die Prophezeiung, die Posthumus im Traum vernimmt und die am Schluss durch einen Wahrsager so gedeutet wird, dass sie den Ereignissen entspricht. Während in den Tragödien die Störung der Ordnung durch den Zusammenprall der Gegensätze zur Krise gebracht wird, geschieht dies in den Romanzen durch Trennung und Wiederzusammenführung, wobei wunderbare Zufälle, Täuschungen durch Schein und Wiedererkennungen eine entscheidende Rolle spielen. Am Ende von *Cymbeline* stehen die Besiegten zur Hinrichtung bereit, als die als Mann verkleidete Imogen mit ihrer Frage, wie Iachimo zu einem Ring an seinem Finger kam, in ihm die Reue auslöst; und nun folgen wie fallende Dominosteine alle weiteren Aufklärungen, bis das Stück mit einer opernhaften Generalversöhnung ausklingt.

In *Ein Wintermärchen* gelingt Shakespeare die erste vollkommene Umwandlung der romantischen Komödie in die Romanze. Die Handlung umspannt einen Zeitraum von sechzehn Jahren und Schauplätze, die von Sizilien bis nach Böhmen reichen, wobei Shakespeare mit letzterem nicht das reale mitteleuropäische Land, sondern eine pastorale Fantasiewelt meint; denn sein Böhmen liegt am Mittelmeer. Wieder steht im Zentrum das Eifersuchtsmotiv, und wieder wird die Lösung nicht tragisch durch den Zusammenprall, sondern romanzenhaft durch Trennung und späte Wiedervereinigung herbeigeführt. Dabei wirkt wie in *Wie es euch gefällt* die pastorale Sphäre als das heilende Medium, das die Wiederherstellung der Ordnung ermöglicht. Das Opernhafte ist hier noch stärker ausgeprägt als in den beiden früheren Stücken.

So wird die abschließende Versöhnung dadurch herbeigeführt, dass die schuldlos verstoßene Ehefrau nach sechzehn Jahren dem Ehemann als vermeintliche Statue vorgeführt wird und plötzlich ins Leben tritt.

Im *Sturm*, seiner letzten Romanze, behält Shakespeare zwar die unrealistischen Elemente des Wunderbaren und Illusionären bei, doch dramaturgisch praktiziert er jetzt das genaue Gegenteil. Statt weite Räume und Zeiten zu überbrücken, erfüllt er hier streng die drei Einheiten von Zeit, Raum und Handlung. Das Motivinventar ist weitgehend das gleiche wie in den Vorgängern; nur werden die Motive jetzt auf engstem Raum miteinander verknüpft. Ein Schiff zerschellt im Sturm vor einer Insel, und die Schiffbrüchigen treten in eine Welt ein, in der der gute Luftgeist Ariel und der böse Erdgeist Caliban dem Zauberer Prospero dienstbar sind. Damit ist dem Stück von Anfang an ein symbolisch-allegorisches Wertsystem unterlegt, das im Fortgang der Handlung auch den realistischen Themen ihre Bedeutung zuweist. Macht und Liebe, die beiden Zentralthemen von Shakespeares Komödien, werden hier noch einmal zusammengeführt. Prospero, der rechtmäßige Herzog von Mailand, wurde durch seinen Bruder vom Thron gestoßen und auf dem Meer ausgesetzt. Das ist das Thema der Usurpation, das Shakespeare tragisch in *Macbeth* und komisch in *Wie es euch gefällt* gestaltete. Damit verknüpft wird das Thema der Liebe, deren edle Form durch Ferdinand und deren triebhafte durch Caliban verkörpert wird, die beide Prosperos Tochter Miranda begehren.

Das von Altersweisheit geprägte Spätwerk des Dichters, das oft auch als sein Testament angesehen wird, zeichnet sich durch ungewöhnliche Handlungsarmut aus. Zwar gibt es parallel zu dem Komplott von Sebastian und Antonio, die den König von Neapel töten wollen, ein Komplott gegen Prospero, das Caliban mit den Trunkenbolden Trinculo und Stephano schmiedet. Doch da alles unter den Augen des allgegenwärtigen Ariel stattfindet, weiß der Zuschauer, dass keine Gefahr droht, so dass das eigentliche Drama bereits nach dem dritten Akt zu Ende ist. Danach folgt nur noch eine allegorische Versöhnungsfeier, bei der Geister die Göttinnen Iris, Ceres und Juno darstellen. Die von Ariel vereitelten Attentate wirken inmitten dieser Abfolge von opernhaften Tableaus nur noch als *comic relief*. Die Macht des Geistes hat über den Trieb des Fleisches gesiegt, die Vernunft über die niederen Instinkte der Leber. Doch zerbrechen kann Prospero seinen Zauberstab erst, nachdem die Herzen der Betroffenen von der Vergiftung durch die Leber gereinigt sind und zu ihren edleren Regungen zurückgefunden haben. Sein Epilog, in dem er sein Vertrauen auf die Wirkung der Gnade ausspricht, klingt mit den folgenden Worten aus:

> So muss ich in Verzweiflung enden,
> Tut nicht Gebet Gefahr abwenden,
> Das in das Herz der Gnade dringt
> Und Freiheit uns von Fehlern bringt.
> Wer will, dass man auch ihm verzeih,
> Der setz mich jetzt durch Nachsicht frei.

Shakespeares Sprache

Die großen Menschheitsprobleme, die Shakespeare in seinen Dramen gestaltete, hätten für sich allein wohl kaum ausgereicht, ihn zum meistzitierten Dichter zu machen, wenn er sie nicht zugleich in eine Sprache von unvergleichlicher Ausdruckskraft gegossen hätte. Allerdings haben heutige Leser Schwierigkeiten damit; seine Landsleute sogar noch größere als alle die, die ihn in modernen Übersetzungen lesen können. Was das Verstehen seiner Dichtung so schwierig macht, ist weniger die altertümliche Sprache als vielmehr die elaborierte Rhetorik, die mit Anspielungen, Wortspielen und dem schon bei den Sonetten aufgezeigten Mittel des *conceit* arbeitet. Diese durch mehrere Ebenen hindurchgeführten Vergleiche prägen auch den Redestil der dramatischen Figuren. Mit der Aufklärung, d.h. seit Bacon und Descartes, setzte sich ein

Denken in logischen Hierarchien durch, die entweder deduktiv oder induktiv entwickelt werden. Das elisabethanische Bewusstsein war aber noch weitgehend durch das mittelalterliche Denken in Analogien geprägt, das den *conceits* zugrunde liegt. Bei Shakespeare begegnet man diesem Denken auf Schritt und Tritt, z.B. in den folgenden Versen aus dem *Kaufmann von Venedig*, die Lorenzo zu Jessica spricht:

How sweet the moonlight sleeps upon this bank!
Here will we sit, and let the sounds of music
Creep in our ears: soft stillness and the night
Become the touches of sweet harmony.
Sit, Jessica: look how the floor of heaven
Is thick inlaid with patines of bright gold:
There's not the smallest orb which thou behold'st
But in his motion like an angel sings,
Still choiring to the young-eyed cherubins.
Such harmony is in immortal souls,
But whilst this muddy vesture of decay
Doth grossly close it in, we cannot hear it. (V, 1; 53–65)

Wie süß das Mondlicht auf dem Hügel schläft!
Hier lasst uns sitzen, lasst Musik ins Ohr
Uns schleichen – sanfte Stille und die Nacht,
Sie passen gut zu süßer Harmonie.
Sitz, Jessica – sieh, wie des Himmels Boden
Mit Schalen eingelegten Goldes glänzt:
Und keine ist darunter, deren Bahn
Nicht wie mit einer Engelsstimme singt,
Im Chor mit kinderäug'gen Cherubinen.
Solch Harmonie ist auch in unsren Seelen;
Nur weil das schmutzge Kleid der Sterblichkeit
Sie vor uns grob verhüllt, hörn wir sie nicht.

Die Harmonie, von der die Verse sprechen, ist sichtbar und hörbar in ihrer sprachlichen Gestalt. Doch ist dies noch nicht die Sprachmusik der Romantik. Dort strebte man homogene Bilder und das Belcanto eines homophonen Versflusses an.

Shakespeare aber schrieb noch für Ohren, die an polyphone Musik gewöhnt waren. Das bedeutet, dass er ein Motiv anschlägt und es linear weiterentwickelt, indem er es über das Analogieprinzip in andere Bedeutungsebenen transponiert. In unserem Text ist es das Motiv der Harmonie, das als atmosphärisches Bild einer Mondscheinszene beginnt, zum Bild der Sphärenmusik weitergeführt und mit dem Bild der durch den sterblichen Körper verdeckten Harmonie der unsterblichen Seele zum Abschluss gebracht wird. Dass Shakespeares Sprache trotz ihrer grundsätzlichen Andersartigkeit dennoch von den Romantikern als ihrem Ideal entsprechend empfunden wurde, rührt daher, dass sie sein analoges Denken mit dem ihnen vertrauten symbolischen identifizierten und seine dualistische Weltsicht als jene Dialektik verstanden, die vor allem in Deutschland zur herrschenden Denkform wurde.

Shakespeare und die englische Frühaufklärung

Shakespeares tragisch entfalteter und zuletzt utopisch versöhnter Antagonismus von Vernunft und Leidenschaft steht am Anfang des heraufziehenden Zeitalters der Vernunft, das in England einen ganz anderen Verlauf nahm als auf dem Kontinent. Vernunft ist eine Gleichmacherin, da sie in allen Köpfen nach den gleichen Prinzipien funktioniert. Sie ist zugleich aber auch eine Herrscherin, die sich die gesamte intelligible Welt in hierarchischen Abstufungen untertan macht. Am deutlichsten kommt dies bei Descartes zum Ausdruck. Sein Denken ging von der unmittelbaren Evidenz des *Cogito ergo sum* aus und konstruierte von dort aus vertikal nach unten alle weitere Erkennnis *more geometrico*, ‚auf geometrische Weise‘, wie es Spinoza, der zweite Ahnherr des Rationalismus, nannte. Es liegt nahe, in Descartes’ vertikaler Erkenntnispyramide die homologe Widerspiegelung des absolutistischen Herrschaftssystems zu sehen, das sich im 17. Jahrhundert auf dem Kontinent etablierte. Kein Wunder also, dass hier der von Descartes, Spinoza und Leibniz geprägte Rationalismus zur vorherrschenden Denkform wurde.

Ganz anders in England. Dort formulierte Shakespeares Zeitgenosse Francis Bacon ein empiristisches Erkenntnisprogramm, dessen Ausführung er zwar schuldig blieb, das aber von Hobbes, Locke und Hume zu einer spezifisch englischen Philosophie entfaltet wurde. Der Empirismus geht davon aus, dass Erkenntnis nicht aus eingeborenen Ideen der Vernunft – Descartes' *ideae innatae* –, sondern ausschließlich aus der mit den Sinnen wahrgenommenen Erfahrung gewonnen werden kann. Das bedeutet, dass den Sinnen ein gleich hoher und zeitlich sogar vorgeordneter Status eingeräumt wird. Bei Locke blieb noch ein letzter Rest von rationalistischer Metaphysik zurück; denn er glaubte, dass die von den Sinnen wahrgenommenen Daten auf einer selber nicht wahrnehmbaren Substanz säßen und dass im wahrnehmenden Bewusstsein, wenn es von allen empirisch gewonnenen Daten entleert werde, zuletzt ein Subjekt übrig bliebe. Erst David Hume zog die letzte Konsequenz und erklärte Substanz und Subjekt zu philosophischen Fiktionen.

Bewusstseinsgeschichtlich lässt sich diese lange und sehr kontinuierlich verlaufende Entwicklung als eine Horizontalisierung des Verhältnisses von Vernunft und sinnlicher Wahrnehmung beschreiben. Auch hier liegt es nahe, darin ein homologes Abbild des politischen und gesellschaftlichen Horizontalisierungsprozesses zu sehen, der in England mit dem Aufstieg der Gentry und dem Machtgewinn des Unterhauses eingesetzt hatte. Die völlige Einebnung der alten Hierarchie durch die Republik Oliver Cromwells wurde danach zwar wieder rückgängig gemacht, doch spätestens ab der Glorreichen Revolution und der Bill of Rights von 1689 war England eine parlamentarisch kontrollierte konstitutionelle Monarchie, in der Gesetze nicht mehr nach dem Prinzip *l'état c'est moi* von oben nach unten erlassen wurden, sondern dem Willen des Parlaments entsprangen, so wie für Locke die Erkenntnis von Wahrheit aus den Wahrnehmungen der Sinne hervorging.

Dieses horizontalisierte Verhältnis von parlamentarischem Willen und beschlossenem Gesetz ist die institutionalisierte und kollektivierte Form dessen, was bei Shakespeare im Innern seiner tragischen Helden ablief, die an dem Widerstreit von Vernunft und Leidenschaft zugrunde gehen. Als Bürger scheint er noch an die vertikale Ordnung geglaubt zu haben, doch als Dichter war er bereits Sprachrohr des neuen Geistes, der in den Leidenschaften das sah, was den Menschen zu großem Handeln befähigte. Für ihn war dieser Widerstreit nur durch tragischen Bruch oder durch utopische Versöhnung auflösbar. Sein Schwanken zwischen Schicksalsglaube und Aufklärung, zwischen dem Übernatürlichen und dessen rationaler Psychologisierung ist symptomatisch für seine Stellung auf der Bruchzone zwischen alter und neuer Zeit, zeigt zugleich aber auch die Empfindlichkeit seiner Antenne für die von dieser Bruchzone ausgehenden Spannungen. Mit einem geologischen Gleichnis könnte man sagen: In seinem Werk sehen wir, wie eine alte Scholle auf eine neue stößt und wie aus diesem Zusammenstoß das Erdbeben der Tragödie hervorgeht. Auch in der politisch-gesellschaftlichen Realität kündigte sich in der zunehmenden Spannung zwischen Parlament und Krone ein Erdbeben an, das dann im Bürgerkrieg zum Ausbruch kam. Nachdem es durch die englische Gesellschaft hindurchgegangen war, hatte sich die Spannung so weit gelöst, dass Lockes Empirismus zwischen Sinnlichkeit und Intellekt keinen Widerspruch mehr sah. Da England danach unbeirrt an dem horizontalisierten Gesellschaftsmodell festhielt, ist es nur folgerichtig, dass die Tragödie ganz aus der englischen Literatur verschwand. Bei Hume erscheint der Mensch zwar als ein Wesen, das primär nicht von der Vernunft, sondern von Emotionen geleitet wird, doch diese nennt er nicht *passions*, sondern *sentiments*, wobei das Zusammenspiel von Gefühl und Vernunft wie das zwischen Parlament und Regierung erfolgt. An die Stelle des tragischen Bruches tritt dabei der pragmatische Interessenausgleich.

Shakespeares Größe

Anders als in der Wissenschaft, wo eine Aussage nur richtig oder falsch sein kann, liegt der Wert eines Kunstwerks auf einer stufenlosen Skala. Deshalb werden Kunstwerke vom Moment ihres Eintritts in die Welt von einem nie endenden Prozess der Bewertung begleitet. Inzwischen hört man zwar oft die Ansicht, dass der traditionelle Wertbegriff obsolet geworden sei, doch sollte man bedenken, dass alle großen Werke vergangener Epochen nur deshalb überliefert wurden, weil sie bis heute diesem Prozess kritischer Wertung standgehalten haben. Bei den Größten der Großen, zu denen Shakespeare zweifellos zählt, kommt noch die eher sportliche Neugier hinzu, ob er nun größer oder weniger groß sei als andere Große wie beispielsweise Goethe. Auch wenn solche Vergleiche den ästhetischen Wertbegriff trivialisieren, helfen sie doch, das Spezifische an der Größe eines Künstlers zu erkennen. Was also macht die Größe Shakespeares aus?

Dass er den Kosmos weltweit bekannter literarischer Figuren um mehr eigene Schöpfungen bereichert hat als irgendein anderer, könnte man noch damit erklären, dass er der erste realistische Dichter der Neuzeit war, so dass er ein freies Feld vorfand. Mit allem, was er darauf pflanzte, kam er den Nachfolgern zuvor, die mit jeder Generation mehr zum Schicksal von Epigonen verurteilt waren. Selbst als im 18. Jahrhundert mit Goethe ein neuer Stern erster Ordnung aufging, stand dieser im Banne seines Vorgängers. Für Goethe und seine Zeitgenossen war Shakespeare der Inbegriff des Originalgenies, das frei vom Zwang klassizistischer Normen aus einer naturwüchsigen Schöpferkraft heraus Dichtung hervorbrachte. Natur, Natur und immer wieder Natur war das, was die Stürmer und Dränger, die Weimarer Klassiker und die Romantiker in Shakespeare sahen. Sie wussten wenig von elisabethanischen Theaterkonventionen. Da Natur ihre Gottheit war, entsprach der scheinbar naturhafte Wildwuchs von Shakespeares Stücken exakt ihrem Ideal von großer Dichtung. Heute wissen wir, dass Shakespeare durchaus nicht der vom *furor poeticus* inspirierte Barde war. Im Gegenteil, seine Werke verraten ein hohes Maß an dramaturgischer Kalkulation. Noch weniger naturwüchsig ist er in seinen Sonetten, deren elaborierte Bildersprache in der Tradition des europäischen Manierismus steht und damit weit entfernt ist vom romantischen Ideal volksliedhafter Lyrik. In seinen Stücken ist vieles, was einst als originelle Schöpfung galt, als vorgefundenes Material identifiziert worden. Selbst der *Hamlet* geht auf einen – vermutlich von Kyd geschriebenen – *Ur-Hamlet* zurück. Manch tiefsinniger Gedanke in den Stücken ist einer Quelle entnommen oder gehörte zum festen Inventar des elisabethanischen Weltbildes. T.S. Eliot äußerte sogar den grundsätzlichen Zweifel, ob das, was traditionell als Shakespeares Tiefsinn angesehen wird, eine solche Bezeichnung überhaupt verdiene.

Alle diese Relativierungen haben nichts daran geändert, dass Shakespeare neben Goethe – und in den Augen vieler noch vor diesem – als der größte Dichter des Abendlands gilt. Hält man sein Werk gegen das des Weimarer Klassikers, so erscheint es enger und kompakter. Weder hat er sich mit Naturwissenschaften befasst, noch hat er sich zu philosophischen, ästhetischen oder sonstigen Grundfragen der *conditio humana* theoretisch geäußert. Auch Romane schrieb er nicht. An weltumfassender Breite kann er es also mit dem deutschen Olympier nicht aufnehmen. Auf seinem ureigensten Felde aber hat er die Innenwelt des Menschen deutlich tiefer ausgelotet. Bei Goethe gibt es weder die amoralische Bosheit eines Jago noch die ebenso amoralische Vitalität eines Falstaff, weder den metaphysischen Zweifel Hamlets noch die ebenso metaphysische Verzweiflung König Lears. Goethes Weltvertrauen war nie in den Grundfesten erschüttert. In Shakespeares Werk dagegen beben die Fundamente. Hier tun sich Abgründe auf, von denen sich Goethe bewusst abwandte. Nur wenn es galt, den modernen Menschen in seiner Schwäche zu zeigen, war Goethe der subtilere Psychologe, was nicht verwundern kann, da er die bürgerliche Aufklärung bereits hinter sich hatte, während Shakespeare noch mithalf sie einzuleiten.

Dass Shakespeare der größere Dramatiker war, steht außer Frage. Goethes beste Stücke – *Faust*, *Tasso* und *Iphigenie* – sind zwar als Dichtungen vollkommen, doch als Dramen können sie neben denen des Engländers nicht bestehen, was ebenfalls nicht verwundern kann, da Shakespeare auf diesem Felde als Berufsschauspieler einen nicht wettzumachenden Vorteil hatte. Enger und kompakter ist sein Werk in der Lyrik. Hier hatte wohl keiner so viele Saiten auf seiner Leier wie Goethe, und jede schlug er meisterhaft. Doch während sich unter seinen Gedichten auch eine erstaunliche Menge gefälliger Albumverse und andere Belanglosigkeiten finden, gibt es unter Shakespeares Sonetten kein einziges wirklich schwaches.

Wie immer man die beiden Giganten einschätzen mag, Tatsache ist, dass Goethe heute für die meisten seiner Landsleute und erst recht für nichtdeutsche Leser in der Vitrine der Klassiker steht, während der zweihundert Jahre ältere Shakespeare erstaunlich modern geblieben ist. Letzteres ist schon daran abzulesen, dass seine Stücke immer wieder neu verfilmt werden. Es muss in ihnen also etwas geben, was sie für moderne Menschen erlebbarer macht als Goethes Werke. Das kann nicht die sprachliche Vollkommenheit sein; denn gerade hier ist die Hürde bei ihm viel höher, wobei seine Landsleute es noch schwerer haben als wir Deutschen; denn sie werden mit einer vierhundert Jahre alten Form ihrer Muttersprache konfrontiert, während wir den Vorteil haben, den Dichter in immer wieder aktualisierten Übersetzungen lesen zu können. Wenn der Grund für die anhaltende Wirkung also nicht das Wie der Sprache ist, kann es nur das Was sein. Hier wiederum kann es nicht das Stoffliche sein, das eine noch von mittelalterlichem Denken geprägte spätfeudale Gesellschaft widerspiegelt. Was diese Welt für den heutigen Leser und Theaterbesucher erlebbar macht, muss demnach etwas sein, was Shakespeare darin substanziell als Grundbefindlichkeit des Menschen aufzeigt.

Während Dante und Goethe in der scheinbar chaotischen Fülle der Welt die verdeckte tiefere Ordnung freizulegen versuchten, verfuhr Shakespeare umgekehrt. Er ging von der akzeptierten Ordnung des elisabethanischen Weltbilds aus und stellte sie in jedem seiner Stücke von neuem auf die Probe, mit dem Ergebnis, dass sich darin immer neue Risse und Brüche auftaten. Anders als Dante und Goethe, anders auch als später sein Landsmann Milton, enthält er sich dabei jeder expliziten, ja sogar jeder explizierbaren Weltdeutung. Zwar zeichnet sich in seinem Werk, wie wir zu zeigen versuchten, die Struktur einer Weltsicht ab, doch dort, wo die Antinomien aufbrechen, verweigert er die Parteinahme und damit das klare Ja und Nein. Stattdessen sagt er wie kein anderer Ja und Nein zur gleichen Zeit. Er zeigt Macbeth als einen Verbrecher, dem aber das, wodurch er zum Verbrecher wird, heroische Größe verleiht. Er stellt die Vernunft als den Leitstern dar und lässt dennoch durch Hamlets Mund sagen, dass sie den Menschen handlungsunfähig, ja feige mache. In seinen Stücken sind die Menschen dem Schicksal ausgeliefert und doch für ihr Handeln verantwortlich. Jeder Wert scheint eine Schattenseite zu haben. Die Liebe ist Glück und zugleich Verblendung, die Macht ist gottgegebene Verantwortung und zugleich Versuchung; das schiere Leben ist eine falstaffsche Lust und zugleich etwas, das durch Vernunft gezähmt und damit gelähmt werden muss. Kein anderer unter den großen Dichtern zeigt eine so durchgängige Ambivalenz wie er.

Auch Goethes Welt ist polarisiert; Polarität ist sogar der Zentralbegriff seines Denkens und prägt sein Schaffen von Anfang an. Doch bei ihm gehört zur Polarität das Prinzip der Steigerung, das dem Antagonismus das Bedrohliche nimmt. Risse, die bei Shakespeare zu Abgründen werden, sind bei Goethe Wunden, aus denen verjüngtes Leben quillt. Dieser fundamentale Optimismus, der Goethes Werk und Leben prägt, ist der Grund, weshalb so viele Menschen Lebenshilfe bei ihm fanden und noch immer finden. Goethe zeigt, wie hoch der Mensch steigen, Shakespeare, wie tief er fallen kann. Würde man, wie es Adorno mit Bezug auf die Lyrik tat, Auschwitz zur kulturellen Wasserscheide erklären, dann fällt es schwer, sich Goethe diesseits davon vorzustellen. Bei Shakespeare wird man damit keine Schwierigkeit haben.

Daten und Fakten zur Überlieferung der Stücke

VE = vermutete Entstehung
Q = Quartoausgabe
BA = erste bezeugte Aufführung
F = Folioausgabe
Ü = Überlieferung
Holinshed = Raphael Holinshed, *The Chronicles of England, Scotland and Ireland* (1577)
Hall = Edward Hall, *The Union of the Noble and Illustre Famelies of Lancastre and York* (1542; erw. Ausgabe 1550)
Plutarch = Plutarch, *The Lives of the Noble Grecians and Romanes* (1579). Aus der französischen Fassung des Jacques Amyot übersetzt von Thomas North.

The Two Gentlemen of Verona. VE: 1590–1. BA: keine. Ü: F 1623.
Quelle: Jorge de Montemayor, *La Diana Enamorada,* übers. von B. Yonge 1582 (gedruckt 1598).

The Taming of the Shrew. VE: 1590–1. BA: 13. 6. 1594. Ü: F 1623.
Quelle: Das anonyme Stück *The Taming of a Shrew* (ca. 1589), das aber auch eine Nachahmung des Shakespeare-Stücks sein könnte.

King Henry VI.
Teil 1: VE 1592. BA 1592. Ü: F 1623.
Teil 2: VE 1590–91. BA keine. Ü: Q1 1594; Q2 1600; Q3 1619; F 1623.
Teil 3: VE 1590–91. BA vor 9/1592. Ü: Q1 1595; Q2 1600; Q3 1619. F 1623
Quellen: Holinshed und Hall.

Titus Andronicus. VE 1592. BA 11. 4. 1592.
Ü: Q1 1594; Q2 1600; Q3 1611; F 1623.
Quelle: Keine Stoffquelle. Motive aus Seneca, *Thyestes,* und Ovid, *Metamorphosen.*

King Richard III. VE 1592–3. BA 30. 12. 1593.
Ü: Q1 1597; Q2 1598; Q3 1602; Q4 1605; Q5 1612; Q6 1622; F 1623.
Quellen: Holinshed und Hall, die sich beide auf Thomas Morus, *History of Richard III.* stützen.

The Comedy of Errors. VE: 1593–4: BA: 28. 12. 1594. Ü: F 1623.
Quellen: Plautus, *Menaechmi* u. *Amphitruo,* sowie Gower, *Confessio Amantis.*

Love's Labour's Lost. VE: 1594–5. BA: Weihnachten 1597–8. Ü: Q1 1598; F 1623.
Quelle: Offenbar Shakespeares eigene Erfindung.

King Richard II. VE: 1595. BA: 1595.
Ü: Q1 1597; Q2 1598; Q3 1598; Q4 1608, Q5 1615, F 1623.
Quelle: Holinshed.

Romeo and Juliet. VE: 1595. BA: vor 1597.
Ü: Q1 1597; Q2 1599; Q3 1609; Q4 undatiert; F 1623.
Quellen: Arthur Brooke, *The Tragicall Historye of Romeus and Juliet*
(Versdichtung). Den Stoff nahm Brooke von Pierre Boaistuau, *Histoires Tragiques* (1559), der ihn seinerseits von Bandello hatte.

A Midsummer Night's Dream. VE: 1595. BA: vor 1600.
Ü: Q1 1600; Q2 1619; F 1623.
Quelle: Größtenteils Shakespeares Erfindung. Motive aus Plutarch, Chaucers *The Knight's Tale* und Ovids *Metamorphosen.*

King John. VE: 1596. BA: keine. Ü: FF 1623.
Quelle: Das anonyme Stück *The Troublesome Raigne of King John.*
(1591).

The Merchant of Venice. VE: 1596. BA: vor 1600.
Ü: Q1 1600; Q2 1619; F 1623.
Quellen: Vielleicht ein früheres Stück *The Jew.* Das Motiv des verpfändeten Pfundes Fleisch von Ser Giovanni Fiorentino, *Il Pecorone*; das Kästchen-Motiv aus Richard Robinsons Version der *Gesta Romanorum*
(1577).

King Henry IV
1. Teil. VE: 1596–7. BA: 6. 3. 1600.
Ü: Q1 1598; Q2 1599; Q3 1604; Q4 1613; Q5 1622; F 1623.
2. Teil. VE: 1597–8. BA: vor 1600. Ü: Q 1600; F 1623.
Quellen: Holinshed und ein anonymes Stück *The Famous Victories of Henry the Fifth* (1594 registriert, 1598 gedruckt).

The Merry Wives of Windsor. VE: 1598–1601. BA: vor 1602.
Ü: Q1 1602; Q2 1619; F 1623.
Quelle: Shakespeares Erfindung. Anspielungen auf den Grafen Mömpelgart, der 1592 England besuchte, 1597 in den Hosenbandorden aufgenommen wurde und 1595, 1598 und 1600 Gesandtschaften nach London schickte.

Much Ado About Nothing. VE: 1598. BA vor 1600. Ü: Q 1600;
F 1623.
Quellen: Bandello in der französischen Übersetzung aus Belleforests *Histoires Tragiques*; Ariosts *Orlando Furioso* in der Übersetzung von John Harington und Spensers *Faerie Queene.*

King Henry V. VE: 1598–9 BA: vor 1600.
Ü: Q1 1600; Q2 1602; Q3 1619; F 1623.
Quellen: Holinshed und *The Famous Victories of Henry the Fifth.*

Julius Caesar. VE 1599. BA: 21. 9. 1599. Ü: F 1623.
Quelle: Plutarch.

As You Like It. VE: 1599–1600. BA: vielleicht 2. 12. 1603. Ü: F 1623.
Quelle: Thomas Lodge, *Rosalynde, or Euphues golden legacie* (1590).

Hamlet. VE: 1600–1. BA: Juli 1602. Ü: Q1 1603; Q2 1604; Q3 1611;
F 1623.
Quelle: Ein verlorener *Ur-Hamlet* (vielleicht von Kyd). Der Stoff stammt
aus der *Historia Danica* von Saxo Grammaticus. Er war den Engländern
in Belleforests *Histoires Tragiques* zugänglich.

Twelfth Night. VE: 1601. BA: 1601? und 2. 2. 1602. Ü: F 1623.
Quellen: Die Geschichte „Apollonius and Silla" in Barnabe Riches *Fare-
well to Militarie Profession* (1581), die auf Belleforests Übersetzung einer
novella von Bandello zurückgeht, der ihrerseits die italienische Komödie
Gl'Ingannati (1531) zugrunde lag.

Troilus and Cressida. VE: 1602. BA: strittig.
Ü: Q 1609 (2 Fassungen); F 1623.
Quellen: Chaucers Versdichtung *Troilus and Crisyede*, die auf Boccaccios
Il filostrato zurückgeht. Außerdem Arthur Halls und Chapmans Überset-
zungen der *Ilias*.

Measure For Measure. VE: 1603. BA: 26. 12. 1604. Ü: F 1623.
Quellen: George Whetstones zweiteiliges Stück *Promos and Cassandra*
(1578), das den Stoff aus Cinthios *Hecatommithi* nahm.

Othello. VE: 1603–4. BA: 1604. Ü: Q1622; F 1623.
Quellen: Eine *novella* aus Giraldi Cinthios *Hecatommithi* (1565).

All's Well That Ends Well. VE: 1604–5. BA: keine. Ü: F 1623.
Quellen: Die Geschichte „Giglietta di Nerbona" aus Boccaccios *Decamerone* in der Übersetzung von William Painter in *Palace of Pleasure*
(1566).

Timon of Athens. VE: 1605. BA: keine. Ü: F 1623.
Quelle: Plutarch. Außerdem William Painters *Palace of Pleasure* und Lu-
kians Dialog „Timon, der Menschenfeind".

King Lear. VE: 1605. BA: 26. 12. 1606. Ü: Q1 1608; Q2 1619;
F 1623.
Quelle: Holinshed, Spensers *Faerie Queene* und das anonyme Stück *King
Leir* (1594 registriert, 1605 gedruckt).

Macbeth. VE: 1606. BA: 1606? Gesichert 1611. Ü: F 1623.
Quellen: Holinshed.

Antony and Cleopatra. VE: 1606. BA: keine. Ü: F 1623.
Quelle: Plutarch.

Pericles. Prince of Tyre. VE: 1607. BA: zwischen 5. 1. 1606 und 23. 11. 1608, da der venezianische Gesandte das Stück in diesem Zeitraum sah. Ü: Q1 1609; Q2 1609; Q3 1611; Q4 1619; Q5 1630; Q6 1635. Dritte Folioausgabe von 1664.
Quellen: Gowers *Confessio Amantis* und Laurence Twines *The Patterne of Painefull Adventures* (1576 registriert, o. D. gedruckt; Nachdr. 1607).

Coriolanus. VE: 1607. BA: keine. Ü: F 1623.
Quelle: Plutarch.

The Winter's Tale. VE: 1609. BA: 15. 5. 1611. Ü: F 1623.
Quellen: Robert Greenes *Pandosto or The Triumph of Time* (1588), nachgedruckt 1607 unter dem Titel *Dorastus and Fawnia.*

Cymbeline. VE: 1610. BA: 1611. Ü: F 1623.
Quellen: Holinshed. Motive aus Boccaccios *Decamerone.*

The Tempest. VE: 1611. BA: 1. 11. 1611. Ü: F 1623.
Quellen: Sylvester Jourdan, *A Discovery of the Bermudas* (1610). William Strachey, *A True Reportory of the wrack and redemption of Sir Thomas Gates, knight, upon and from the island of the Bermudas, his coming to Virginia, and the estates of that colony* (handschriftlich 1610; gedr. 1625). Auffällige Ähnlichkeit der Handlung mit Jacob Ayrers *Die schöne Sidea* (entstanden vor 1605; gedruckt 1618). Ferner Anklänge an Montaignes Essay „über Kannibalen".

King Henry VIII (zusammen mit Fletcher). VE: 1612 BA: 29.6. 1613. Ü: F 1623.
Quellen: Holinshed und Foxes *Book of Martyrs.*

The Two Noble Kinsmen (zusammen mit John Fletcher).
VE: 1613–14. BA: 1619? Ü: Q 1634; zweite Folioausgabe der Stücke von Beaumont und Fletcher 1679.
Quelle: Chaucers *The Knight's Tale.*

Umstrittene Zuschreibung:
Edward III. VE: 1595?. Ü: Q 1596.
Quelle: Holinshed.

Ausgewählte Bibliographie

Werkausgaben

Die bestausgestattete und preisgünstigste einbändige Gesamtausgabe aller Werke Shakespeares ist *The Norton Shakespeare*, general editor Stephen Greenblatt (New York 1997). Hervorragend edierte und kommentierte Einzelausgaben der Werke bieten *The Arden Shakespeare*, *The New*

Cambridge Shakespeare und *The Oxford Shakespeare*. Reich kommentierte zweisprachige Einzelausgaben der meisten Stücke sind bei Reclam erhältlich. Weniger reich kommentierte, dafür mit der modernsten Übersetzung versehene Einzelausgaben erscheinen bei dtv. Speziell für Studienzwecke gedacht ist die noch unvollständige *Englisch-deutsche Studienausgabe der Dramen Shakespeares*, unter dem Patronat der Deutschen Shakespeare-Gesellschaft hg. von Andreas Fischer, Werner Habicht, Ernst Leisi und Ulrich Suerbaum (Tübingen; ab 1976). Die klassische deutsche Übersetzung der Werke Shakespeares ist noch immer die von August Wilhelm Schlegel und Ludwig Tieck unter Mitarbeit von Dorothea Tieck und Wolf Graf Baudissin. Neuere Übersetzungen liegen von Hans Rothe, Richard Flatter, Rudolf Schaller, Erich Fried und Frank Günther vor.

Für die Sonette empfiehlt sich die Ausgabe *The Sonnets and A Lover's Complaint*, hg. v. John Kerrigan (Harmondsworth 1986: The New Penguin Shakespeare). Von den Sonetten liegen inzwischen 53 Gesamtübersetzungen in deutscher Sprache vor, darunter die von Karl Lachmann (1820), Andreas Schumacher (1826), Gottlob Regis (1836), Friedrich Bodenstedt (1862), Karl Simrock (1867), Otto Gildemeister (1871), Stefan George (1909), Eduard Saenger (1909), Ludwig Fulda (1913), Therese Robinson (1927), Karl Kraus (1933), Richard Flatter (1934), Ilse Krämer (1945), Rudolf Alexander Schröder (1952), Rolf-Dietrich Keil (1959) und Christa Schuenke (1994).

Sekundärliteratur

Nachschlagewerke und Handbücher

F. E. Halliday: A Shakespeare Companion 1564–1964. Harmondsworth 1964 (*Penguin Reference Books*).

Michael Dobson u. Stanley Wells (Hgg.): The Oxford Companion to Shakespeare. Oxford 2001. (Nachdruck mit Korrekturen 2008).

Ina Schabert (Hg.): Shakespeare-Handbuch. Die Zeit – Der Mensch – Das Werk – Die Nachwelt. 5. Aufl. Stuttgart 2009.

Zur Shakespearezeit

Kultur

Stephen Greenblatt: Shakespearean Negotiations: The Circulation of Social Energy in Renaissance England. Oxford 1988. Dtsch: Verhandlungen mit Shakespeare. Berlin 1990.

Ulrich Suerbaum: Das elisabethanische Zeitalter. Stuttgart 1989.

Frank Kermode: The Age of Shakespeare. New York 2004.

Neil MacGregor: Shakespeares ruhelose Welt. Aus d. Engl. v. Klaus Binder. München 2013.

Das elisabethanische Weltbild

E. M. W. Tillyard: The Elizabethan World Picture. London 1943.

James Winny (Hg.): The Frame of Order: An Outline of Elizabethan Belief taken from Treatises of the Late Sixteenth Century. London 1957.

Maurice Hussey: The World of Shakespeare and his Contemporaries: A Visual Approach. London 1971.

Das Theater

E. K. Chambers: The Elizabethan Stage. 4 Bde. Oxford 1923.

Robert Weimann: Shakespeare und die Tradition des Volkstheaters. Soziologie, Dramaturgie. Gestaltung. Berlin 1967.

Andrew Gurr: The Shakespearean Stage: 1574–1642. Cambridge 1970. 3. Aufl. 1992.

Zu Shakespeare als Person

E. K. Chambers: William Shakespeare: A Study of Facts and Problems. 2 Bde. Oxford 1930.

Samuel Schoenbaum: Shakespeare's Lives. Oxford 1970. Neue Ausg. 1991.

Ders.: William Shakespeare. His Life and Times. New York 1995.

Alan Posener: William Shakespeare. Reinbek 1995.

Stanley Wells: Shakespeare: A Life in Drama. New York 1995.

Peter Ackroyd: Shakespeare. Die Biographie. Aus d. Engl. v. Michael Müller und Otto Lucian. München 2006.

Lois Potter: The Life of William Shakespeare. A Critical Biography. Chichester 2012.

Zu Shakespeares Weltsicht

Ordnung

Leonard Tennenhouse: Power on Display: The Politics of Shakespeare's Genres. New York 1986.

Ekkehart Krippendorf: Politik in Shakespeares Dramen. Historien – Römerdramen – Tragödien. Frankfurt/M. 1992.

Vernunft und Leidenschaft

Lily B. Campbell: Shakespeare's Tragic Heroes. Slaves of Passion. Cambridge 1930.

Theodore Spencer: Shakespeare and the Nature of Man. London 1942. 2. Aufl. 1961.

Arthur C. Kirsch: The Passions of Shakespeare's Tragic Heroes. Charlottesville, Va. 1990.

Ehre
Curtis B. Watson: Shakespeare and the Renaissance Concept of Honour. Princeton 1960.
Norman Council: When Honour's at the Stake. Ideas of Honour in Shakespeare's Plays. London 1973.

Natur
John Danby: Shakespeare's Doctrine of Nature: A Study of King Lear. London 1949.
Robert Speaight: Nature in Shakespearian Tragedy. London 1955.

Schein und Sein
Theodore Spencer: „Appearance and Reality in Shakespeare's Last Plays", Modern Philology 39 (1942), S. 265–274.
Wolfgang Clemen: „Sein und Schein bei Shakespeare" (Festvortrag 1959), in: Das Drama Shakespeares. Göttingen 1969.

Gerechtigkeit und Gnade
Ernst Theodor Sehrt: Vergebung und Gnade bei Shakespeare. Stuttgart 1952.
Robert Grams Hunter: Shakespeare and the Comedy of Forgiveness. New York 1965.

Mann und Frau
J. Dusinberre: Shakespeare and the Nature of Women. London 1975. 2. Aufl. Houndsmill; Basingstoke 1996.
Linda Bamber: Comic Women, Tragic Men: A Study of Gender and Genre in Shakespeare. Stanford 1982.

Fortuna
Klaus Reichert: Fortuna oder die Beständigkeit des Wechsels. Frankfurt a. M. 1985.

Glaube und Skepsis
Roland Mushat Frye: Shakespeare and Christian Doctrine. Princeton 1963.
Roy W. Battenhouse: Shakespearean Tragedy: Its Art and its Christian Premises. London 1969.
Henry Ansgar Kelly: Divine Providence in the England of Shakespeare's Histories. Cambridge/Mass. 1970.
Ivor Morris: Shakespeare's God: The Role of Religion in the Tragedies. London 1972.
Robert G. Hunter: Shakespeare and the Mystery of God's Judgments. Athens, Georgia 1977.

Tragik (siehe auch unter ,Tragödien')

Paul N. Siegel: Shakespearean Tragedy and the Elizabethan Compromise. Freeport, N. Y. 1957.

John Lawlor: The Tragic Sense in Shakespeare. London 1960.

Karl Klein: Aspekte des Tragischen im Drama Shakespeares und seiner Zeit. Darmstadt 1979.

Jonathan Dollimore: Radical Tragedy: Religion, Ideology and Power in the Drama of Shakespeare and Contemporaries. Chicago 1984.

Rocco Montana, Shakespeare's Concept of Tragedy. The Bard as Anti-Elizabethan. Chicago 1985.

Tom MacAlindon: Shakespeare's Tragic Cosmos. Cambridge 1991.

Hans-Dieter Gelfert: Die Tragödie. Theorie und Geschichte. Göttingen 1995.

Zu den Werken

Einführung in das Gesamtwerk

Uwe Baumann: Shakespeare und seine Zeit. Stuttgart 1998.

Ulrich Suerbaum: Der Shakespeare-Führer. Stuttgart 2006.

Sonette

J. B. Leishman: Themes and Variations in Shakespeare's Sonnets. London 1961.

James Winny: The Master-Mistress. A Study of Shakespeare's Sonnets. London 1968.

Stephen Booth: An Essay on Shakespeare's Sonnets. New Haven, Conn. 1969.

A. L. Rowse (Hg.): Shakespeare's Sonnets: The Problems Solved. New York 1973.

Barbara Puschmann-Nalenz: *Love's comfort and despair*. Konzeption von Freundschaft und Liebe in Shakespeares Sonetten. Frankfurt a.M. 1974.

Kenneth Muir: Shakespeare's Sonnets. London 1979.

Joel Fineman: Shakespeare's Perjured Eye: The Invention of Poetic Subjectivity in the Sonnets. Berkeley 1986.

A. K. Hieatt u.a.: „When did Shakespeare write Sonnets 1609", Studies in Philology 88 (1991), S. 69–109.

Dieter Mehl und Wolfgang Weiß (Hgg.): Shakespeares Sonette in europäischen Perspektiven. Ein Symposium. Münster, Hamburg 1993.

Michael Schoenfeldt (Hg.): A Companion to Shakespeare's Sonnets.

Dramen insgesamt

Walter Naumann: Die Dramen Shakespeares. Darmstadt 1978.

Ulrich Suerbaum: Shakespeares Dramen. Tübingen 1996.

Harold Bloom: Shakespeare. Die Erfindung des Menschlichen. Aus d. Amerikan. v. Peter Knecht. Berlin 2002.

Poetik und Dramaturgie

Muriel C. Bradbrook: Elizabethan Stage Conditions. A study of their place in the interpretation of Shakespeare's plays (1931). Nachdr. Cambridge 1968.

Dies.: Themes and Conventions of Elizabethan Tragedy. Cambridge 1935.

Wolfgang Clemen: Shakespeares Bilder (1936). Neufassung: The Development of Shakespeare's Imagery. London 1951.

M. M. Mahood: Shakespeare's Wordplay. London 1957.

Ernst Theodor Sehrt: Der dramatische Auftakt in der elisabethanischen Tragödie. Göttingen 1960.

John Louis Styan: Shakespeare's Stagecraft. Cambridge 1961.

Wolfgang Clemen: Das Drama Shakespeares. Göttingen 1969. Erw. Fassung: Shakespeare's Dramatic Art. London 1972.

Anthony Brennan: Shakespeare's Dramatic Structures. London 1986.

Historien

E. M. W. Tillyard: Shakespeare's History Plays. London 1944.

Lily B. Campbell: Shakespeare's ‚Histories': Mirrors of Elizabethan Policy. San Marino, Cal. 1947.

Irving Ribner: The English History Play in the Age of Shakespeare. Princeton 1957. 2. Aufl. London 1965.

E. H. Kantorowicz: The King's Two Bodies. A Study in Medieval Political Theory. 2. Aufl. Princeton, N. J. 1966.

Robert Ornstein: A Kingdom for a Stage: The Achievement of Shakespeare's History Plays. Cambridge, Mass. 1972.

Wolfgang Iser: Shakespeares Historien. Genesis und Geltung. Konstanz 1988.

Alexander Leggatt: Shakespeare's Political Drama: The History Plays and the Roman Plays. London 1988.

Komödien

Muriel C. Bradbrook: The Growth and Structure of Elizabethan Comedy. London 1955.

C. L. Barber: Shakespeare's Festive Comedies: A Study of Dramatic Form and its Relation to Social Custom. Princeton 1959.

Ernst Theodor Sehrt: Wandlungen der Shakespeareschen Komödie. Göttingen 1960.

John Dover Wilson: Shakespeare's Happy Comedies. London 1962.

Northrop Frye: A Natural Perspective: The Development of Shakespearean Comedy and Romance. New York 1965.

Volker Schulz: Studien zum Komischen in Shakespeares Komödien. Darmstadt 1971.

Leo Salingar: Shakespeare and the Traditions of Comedy. London 1974.

Kenneth Muir: Shakespeare's Comic Sequence. Liverpoool 1979.

Edward Berry: Shakespeare's Comic Rites. Cambridge 1984.

Robert Ornstein: Shakespeare's Comedies. From Roman Farce to Romantic Mystery. Newark 1986.

Problemstücke

W. W. Lawrence: Shakespeare's Problem Comedies. New York 1931. 2. Aufl. 1960.

E. M. W. Tillyard: Shakespeare's Problem Plays. London 1950.

R. A. Foakes: Shakespeare – The Dark Comedies to the Last Plays. From Satire to Celebration. London 1971.

Northrop Frye: The Myth of Deliverance: Reflections on Shakespeare's Problem Comedies. Toronto 1983.

Vivian Thomas: The Moral Universe of Shakespeare's Problem Plays. London 1987.

Tragödien

A. C. Bradley: Shakespearean Tragedy. London 1904. [Ein Klassiker; als Einstieg immer noch lesenswert.]

Lily B. Campbell: Shakespeare's Tragic Heroes. Slaves of Passion. Cambridge 1930.

Levin L. Schücking: Shakespeare und der Tragödienstil seiner Zeit. Bern 1947.

Willard Farnham: Shakespeare's Tragic Frontier. Berkely 1950.

Irving Ribner: Patterns in Shakespearian Tragedy. London 1960.

Bernard McElroy: Shakespeare's Mature Tragedies. London 1968.

Kenneth Muir: Shakespeare's Tragic Sequence. London 1972.

John Bayley: Shakespeare and Tragedy. London 1981.

Dieter Mehl: Die Tragödien Shakespeares: Eine Einführung. Berlin 1983.

Robert S. Miola: Shakespeare and Classical Tragedy. The Influence of Seneca. Oxford 1992.

Madelon Sprengnether und Shirley N. Garner (Hgg.): Shakespearean Tragedy and Gender. Bloomington 1996.

Susan Zimmerman (Hg.): Shakespeare's Tragedies. New York 1998. (New Casebooks).

„Hamlet"

Elmer E. Stoll: Art and Artifice in Shakespeare. A Study in Dramatic Art and Illusion. Cambridge 1933.

Ders.: Hamlet the Man. London 1933.

Levin L. Schücking: Der Sinn des „Hamlet". Kunstwerk, Handlung, Überlieferung. Leipzig 1935.

John Dover Wilson: What Happens in „Hamlet". Cambridge 1935.

Ernest Jones: Hamlet and Oedipus. London 1949.

Peter Alexander: Hamlet, Father and Son. Oxford 1955.

Harry Levin: The Question of „Hamlet". New York 1959.

Kenneth Muir: Shakespeare: Hamlet. London 1963 (in der Reihe *Studies in English Literature*).

Willi Erzgräber (Hg.): Hamlet-Interpretationen. Darmstadt 1977 (in der Reihe *Wege der Forschung*).

Harold Bloom (Hg.): William Shakespeare's Hamlet. New York 1986 (in der Reihe *Modern Critical Interpretations*).

Andrea Stadter: Hyperion to a Satyr. Hamlet im Kontext zeitgenössischer Rachetragödien 1589–1603. Heidelberg 1989.

Harold Bloom (Hg.): Hamlet. New York 1990 (in der Reihe *Major Literary Characters*).

Stephen Greenblatt: Hamlet in Purgatory. Princeton 2001.

Günter Walch: Hamlet. Bochum 2004.

Romanzen

E. M. W. Tillyard: Shakespeare's Last Plays. London 1938.

E. C. Pettet: Shakespeare and the Romance Tradition. London 1949.

Derek Traversi: Shakespeare: The Last Phase. London 1955.

Howard Felperin: Shakespearean Romance. Princeton 1972.

Hallett Smith: Shakespeare's Romances. San Marino, Cal. 1972.

David Young: The Heart's Forest. A Study of Shakespeare's Pastoral Plays. New Haven, Conn. 1972.

Cornelia Czach: Die Logik der Phantasie. Shakespeares Spätstücke: *Pericles, Cymbeline, The Winter's Tale*, und *The Tempest*. Frankfurt a. M. 1986.

Zur Shakespeare-Rezeption

Klaus Peter Steiger: Geschichte der Shakespeare-Rezeption. Stuttgart 1987.

Gary Taylor: Reinventing Shakespeare: A Cultural History from the Restoration to the Present. London 1990. Dtsch: Shakespeare – wie er Euch gefällt. Die Geschichte einer Plünderung durch vier Jahrhunderte. Reinbek bei Hamburg, 1992.

Ruth von Ledebur: Der Mythos vom deutschen Shakespeare: Die Deutsche Shakespeare-Gesellschaft zwischen Politik und Wissenschaft. 1918–1945. Köln 2002.

Personenregister